"八五"普法
学习知识一本通

《"八五"普法学习知识一本通》编写组 ◎编著

台海出版社

图书在版编目（CIP）数据

"八五"普法学习知识一本通 /《"八五"普法学习知识一本通》编写组编著 . -- 北京：台海出版社，2021.3（2022.5 重印）

ISBN 978-7-5168-2902-8

Ⅰ . ①八… Ⅱ . ①八… Ⅲ . ①法律—基本知识—中国 Ⅳ . ① D920.4

中国版本图书馆 CIP 数据核字（2021）第 031296 号

"八五"普法学习知识一本通

编　　著：《"八五"普法学习知识一本通》编写组

出 版 人：蔡　旭　　　　　　　　封面设计：张合涛
责任编辑：赵旭雯

出版发行：台海出版社
地　　址：北京市东城区景山东街 20 号　邮政编码：100009
电　　话：010-64041652（发行，邮购）
传　　真：010-84045799（总编室）
网　　址：www.taimeng.org.cn/thcbs/default.htm
E-mail：thcbs@126.com

经　　销：全国各地新华书店
印　　刷：三河市嘉科万达彩色印刷有限公司
本书如有破损、缺页、装订错误，请与本社联系调换

开　本：880 毫米 ×1230 毫米	1/32
字　数：166 千字	印　张：7.75
版　次：2021 年 3 月第 1 版	印　次：2022 年 5 月第 3 次印刷
书　号：ISBN 978-7-5168-2902-8	

定　　价：48.00 元

版权所有　　翻印必究

前言

时间追溯到二十世纪八十年代,国家百废待兴,政治、经济等各个领域、各项事业都逐渐走向繁荣振兴。为了加快我国社会主义现代化法治进程,"普法"作为一个新生事物,逐渐走进人们的视野。从全国到地方,从官员到群众,全部都投入到法律常识学习的历史浪潮中,国家更是大力推进"普法"工作。

当我们把时间定格到今天,作为社会生活百科全书的《民法典》业已颁布,普法工作也从"一五"普法走到了"八五"普法,我国的社会主义法治进程取得了长足发展。"有法走遍天下,无法寸步难行",普法工作有效推进了全民法治观念的提升,逐渐改变了人们的思想观念和行为习惯,正引领着全体公民学法、尊法、守法、用法。

作为普法的对象——广大普通民众,配合国家普法宣传,认真学习和领会法律知识,增强自己的法律意识和法律素养,也是一项义务。然而,基于法律的庞杂性与专业性等特点,普通民众做到对法律的理解和掌握,并非一件易事。为了帮助大家学习法律知识,特别是掌握和理解一些与生活或工作等密切相关的法律知识,我们精心编写了一本《"八五"普法学习知识一本通》,值此"八五"普法之际,希望为国家和社会贡献自己的绵薄之力。

本书以法律领域作为区分,涉及诸多法律问题,具有以下特色:

第一，系统性。本书全面、系统地回答了涉及公民基本生产生活的各项法律常识，包括宪法相关知识、民事法律法规、行政法律事项、经济法律问答、常见违法犯罪行为解析、劳动就业与社会保障问题，以及面对权利受侵害后的民事、行政、刑事救济途径，内容丰富、包罗万象，涵盖了很多日常生活中的法律"疑难杂症"。

第二，专业性。本书以常见法律常识为知识点，由专业的律师团队根据最新法律法规，结合生活实际进行分析研判，对各个问题的解答专业而翔实，严密而通俗，不但能有效帮助个体维护自身合法权益，解决实际问题，还可以强化公民的法律意识，提升法治观念。

第三，便捷性。本书按照基础性法律的门类进行分类整理，从国家根本大法到日常生活用法，一目了然。大家检索某一问题时在最短的时间内完成，具有很强的便捷性。

作为普法读本，这本书中的内容基本上是每一个公民都应当了解的基础性、常识性法律知识。坚定法律信仰，树牢法律思维，任重而道远，只有每个公民积极配合、参与到普法工作中来，依法治国才能迈向新的征程。

在普法的道路上，有你有我！关于本书内容，欢迎广大读者批评指正！

本书编写组

目 录

第一章 宪法与宪法性法律问答

一、中华人民共和国宪法··1

1. 在我国，哪一天为宪法日？··1
2. 需要进行宪法宣誓的人有哪些？宣誓内容又是什么？··········1
3. 公民遵守公共秩序和社会公德，是宪法的要求吗？··············2
4. 言论自由就意味着可以随便说吗？····································2
5. 进行游行示威活动需要遵守哪些规定？······························3
6. 对国家公职人员，公民是否享有批评建议权？·····················3
7. 捏造虚假事实检举他人属于行使检举权吗？························4
8. 搜查公民的住宅是随随便便就可以进行的吗？·····················5
9. 能要求他人信教吗？··5
10. 村委会有权决定逮捕他人吗？···6
11. 服兵役是我国公民应尽的义务吗？···································6
12. 自己开垦荒林后，荒林的所有权会是个人的吗？·················7
13. 宪法中有规定"节约"吗？···7
14. 涂抹国旗会受到法律制裁吗？···8
15. 升旗时，我们应该注意什么？···8
16. 公民能随意利用和使用国徽吗？······································9

1

二、人民代表选举

17. 全国人大代表的权利包括哪些？ ····································· 9
18. 全国人大代表的义务包括哪些？ ···································· 10
19. 全国人大代表的资格被终止的情形有哪些？ ············· 10
20. 能否直接逮捕全国人大代表？ ······································· 11
21. 某区域人大代表迁出该行政区域后是否还能继续担任该区域人大代表？ ··· 11
22. 对候选名单有不同意见时，该怎么办？ ······················ 12
23. 选民因特殊情况无法按时参与投票的，有其他方法吗？ ······ 13
24. 对于暴力、贿选等手段破坏选举的行为，应如何制裁？ ······ 13
25. 选举了非人大代表候选人，选举人的票会作废吗？ ······ 14
26. 参加投票的选民票数未达到半数以上，还能当选吗？ ······ 14
27. 人大代表是贿赂选民得来的，是否有效？ ················ 15
28. 选民对自己选出的人民代表大会代表有罢免权吗？ ······ 15
29. 罢免人大代表未通过民主表决，有效吗？ ················ 16

三、基层群众自治

30. 满足哪些条件时，才可以参与竞选村委会成员？ ······ 17
31. 已在某村报名登记参与选举，还能在其他村报名登记参与选举吗？ ··· 17
32. 某村村民对某村候选人名单质疑，该如何解决？ ······ 18
33. 村民受到了候选人的暴力恐吓，该如何应对？ ·········· 19
34. 村民在选举村委会成员时遇到"贿选"情况，该如何应对？··· 19
35. 对村委会成员进行罢免的程序是什么？ ······················ 20

36. 村民会议的决定需达到多少票数才有效？ ……………………… 20
37. 我国法律对于设立村民代表会议是怎样规定的？ …………… 21
38. 村务公开的内容包括哪些？ ……………………………………… 21
39. 村民委员会未公开村务内容，村民们该怎么办？ …………… 23
40. 居委会作为基层组织，其任务有哪些？ ……………………… 23
41. 居委会委员是如何产生的？ ……………………………………… 24
42. 满足什么要求才可以召开居民会议？谁有权召集会议？ …… 24
43. 居委会有自行制定居民公约的权利吗？ ……………………… 25

第二章 民事法律问答

一、婚姻家庭 ……………………………………………………… 26

44. "离婚冷静期"届满，未申领离婚证的，一般会如何处理？ … 26
45. 因胁迫结婚的，是否能请求撤销？ ……………………………… 27
46. 隐瞒患有重大疾病而结婚的，婚后另一方能否申请撤销婚姻？ … 27
47. 已经在老家办酒席，但是双方未到法定结婚年龄的，该婚姻有效吗？ …………………………………………………………… 27
48. 夫妻离婚时，男方还能把婚前送出的"彩礼"要回来吗？ …… 28
49. 婚姻关系存续期间投资股票的收益，是不是夫妻共同财产？ … 28
50. 妻子为日常生活需要而支出钱款，丈夫能否以不知情为由拒绝承担该钱款产生的债务？ ……………………………………… 29
51. 房屋是在子女婚后一方父母为子女全款所买的，且登记在该方名下，离婚时可以作为共同财产进行分割吗？ ……………… 29

52. 妻子对瘫痪丈夫有扶养义务吗？……………………………… 30
53. 男方能因女方怀孕期间性格大变而提出离婚吗？………… 30
54. 对亲子关系存在异议的，哪些人可以向人民法院提起诉讼？… 31
55. 生父是否需要负担"私生子"的抚养费？………………… 31
56. 父母离婚后，子女能否干涉父母另找配偶？……………… 32
57. 成年的孙子女、外孙子女对祖父母、外祖父母有赡养义务吗？… 32
58. 养父母虐待子女的，生父母要求解除收养关系后，是否需要补偿抚养费？……………………………………………… 32
59. 曾因强制猥亵儿童受到处罚的，能否申请收养孩子？…… 33
60. 无配偶者收养孩子的，是否要求其与孩子之间有年龄差？… 33

二、继承 ……………………………………………………… 34

61. 侄女对小叔的遗产有继承权吗？…………………………… 34
62. 立遗嘱人可以通过遗嘱方式将遗产赠与国家吗？………… 35
63. 继子女能继承遗产吗？……………………………………… 35
64. 什么是遗嘱信托？…………………………………………… 35
65. 满足什么条件时，以打印方式订立的遗嘱才有效？……… 36
66. 以录视频形式立遗嘱的，需满足什么条件？……………… 36
67. 保险金能作为遗产被继承吗？……………………………… 37
68. 监狱服刑人员有权继承遗产吗？…………………………… 37
69. 继承人以外的人能否以主动赡养孤寡老人为由而要求分得遗产？………………………………………………………… 38
70. 私生子是否享有遗产继承权？……………………………… 38
71. 立遗嘱人立遗嘱时，可以排除法定继承人的继承权吗？… 39

72. 遗赠扶养协议和遗嘱同时存在时，哪个优先？ ········· 40
73. 胎儿有资格继承遗产吗？ ·················· 40
74. 遗产和债务一定要同时继承吗？ ················ 41
75. 满足什么条件，口头遗嘱属于有效遗嘱？ ············ 41
76. 出现两份以上遗嘱且内容相抵触时，怎么办？ ·········· 41
77. 可以通过哪些方式产生遗产管理人？ ·············· 42
78. 在我国法律中，遗产管理人应当履行哪些职责？ ········· 42
79. 受遗赠人可以是遗嘱见证人吗？ ················ 43

三、人格权 ···························· 43

80. 公民获得的荣誉能否有偿转让给他人？ ············· 43
81. 教师对学生性骚扰的，受害学生如何保护自己的权益？ ····· 44
82. 家长能否为了个性，任意给孩子更改姓氏？ ··········· 44
83. 报社为进行新闻报道，将他人的照片印在周刊上的，是否需要
    经过肖像权人的同意？ ···················· 45
84. 肖像许可使用合同期内，当事人解除该合同有什么限制？ ···· 46
85. 新闻网站在实施监督行为时，为了吸引眼球，恶意歪曲事实获
    得浏览量的，是否需要承担民事责任？ ············· 46
86. 电影情节以特定人为对象，为了增加滑稽效果而添加侮辱、贬
    低名誉内容的，能否以艺术自由不受干涉为名主张免责？ ···· 47
87. 在租客房间内安装摄像头及话筒的，属于侵犯隐私权吗？ ···· 48
88. 利用软件收集他人行踪信息的，是否属于侵犯个人信息，该如
    何保护？ ·························· 49
89. 处理个人信息时需要遵循什么规则？ ·············· 49

90. 将他人网上公布的信息汇总后，以表格形式在网上公布的，是否需要承担民事责任？ ……50

四、合同 …… 51

91. 订立合同时，故意隐瞒重要事实，使对方遭受损失的，需要承担责任吗？ ……51

92. 在约定满足一定条件而生效的合同中，对方故意促成条件的，是否有效？ ……51

93. 超过代理权限而与他人签订的合同，被代理人需要承担责任吗？ ……52

94. 为了逃避债务，将车辆假卖转于好友名下的，买卖合同是否有效？ ……53

95. 九岁的孩童购买文具，其行为是否有效？ ……53

96. 合同中的免责条款都"免责"吗？ ……53

97. 错把买卖合同当成赠与的，能否主张产生错误而撤销？ ……54

98. 先履行合同义务的一方，发现对方公司因在产品中掺杂、掺假被行政处罚的，能否主张中止履行？ ……54

99. 债权人未告知债务人已将债权转让的情况，债务人继续还债的，其行为是否有效？ ……55

100. 合同中同时存在定金和违约金的，是否冲突？ ……55

101. 卖方根据约定将货物送到指定地点，买方未及时收取致货物腐烂的，风险由谁承担？ ……56

102. 与贫困地区签订赠与合同后，能否自行申请撤销？ ……56

103. 个人之间借款时未约定利息，之后能否主张按照银行同期利率支付利息？ ... 57
104. 债权人要求一般保证人履行债务的，一般保证人能否拒绝？ ... 57
105. 对方擅自将主要工作转交他人的，定作人能否解除合同？ ... 58
106. 免票的孩童乘坐客车发生事故受伤害，客运公司能否因其免票而不予赔偿？ ... 58
107. 中介公司隐瞒二手车辆为抵押车的事实，委托人能否拒绝支付中介费？ ... 59
108. 中介人错误传递价格信息，超出买方预期，买卖未成立的，中介人能否向委托人主张报酬？ ... 59
109. 业主给他人设立居住权的，需要告知物业吗？ ... 60

五、物权 ... 60

110. 房屋的七十年产权到期后，房子还是自己的吗？ ... 60
111. 将已经进行预告登记的房屋卖与第三人，第三人能取得该房屋的所有权吗？ ... 61
112. 农民宅基地被毁后还能重新分配吗？ ... 61
113. 城镇居民可以购置宅基地并取得宅基地使用权吗？ ... 62
114. 相邻权人行使相邻权造成他方损害时，应该承担什么责任？ ... 62
115. 共有人对共有方式没有约定即为按份共有吗？ ... 63
116. 按份共有人对外转让其财产份额时，其他共有人享有优先购买权吗？ ... 63
117. 签订居住权合同后，就意味着有居住权了吗？ ... 64
118. 已经设立居住权的房屋，还能出租吗？ ... 64

119. 房屋上设立的居住权有存续期间吗？ 65
120. 双方在合同中约定"如不还款，抵押物直接归对方所有"，有效吗？ 65
121. 债权人放弃债务人提供的抵押，其他抵押人还需要负担保责任吗？ 66
122. 抵押合同在登记后才发生效力吗？ 66
123. 抵押期间，抵押人转让抵押财产的条件是什么？ 67
124. 股权出质一定要签订书面合同吗？ 67
125. 在质押期间，质权人可以使用质押物吗？ 68
126. 留置权人可以留置与债权债务不属于同一法律关系的动产吗？ 68

六、侵权责任 **69**

127. 发生侵权行为时，受害人都有过错，侵权人的责任可以减轻吗？ 69
128. 侵权人与被侵权人双方对造成的损害均无过错，谁来担责？ ... 70
129. 未成年人因受教唆而侵权的，如何处理？ 70
130. 因保护他人而受伤，侵权人逃逸的，责任谁来承担？ 71
131. 人身受到伤害但没有落下残疾时，可以从哪些方面请求赔偿？ 71
132. 临时雇员在工作中致使他人受伤，老板需要承担责任吗？ 71
133. 高危作业致使他人受伤，有无须负责的情况吗？ 72
134. 施工过程中，因井盖未盖导致有人掉进去而摔伤，责任由谁承担？ 73

135. 在公共道路上乱堆物品致人损害的，责任由谁承担？ 73
136. 帮人照顾宠物期间宠物咬伤他人的，谁来赔偿？ 73
137. 受害人因他人的过错被宠物伤害，由谁承担责任？ 74
138. 多人共同侵权造成损害的，责任如何界定？ 74
139. 在地铁门报警关闭之际，强行上车被门夹伤的，可以要求地铁部门赔偿吗？ 78
140. 故意摔坏留有他人生前视频的手机的，要给机主精神损害赔偿吗？ 75
141. 高空抛物造成他人损害的，如何追责？ 76

第三章 行政法律问答

一、行政处罚 77
142. 火锅店因食品卫生不达标被查，会面临什么处罚？ 77
143. 村民不听劝阻在公路上晒粮食，村委会可以对其进行罚款吗？ 78
144. 市食品药品监督管理局对销售劣质药品的药店负责人处以五日行政拘留，合法吗？ 78
145. 十五岁的中学生打架，能不能对其进行行政处罚？ 79
146. 间歇性精神病人违法，会不会受到行政处罚？ 79
147. 张某因故意伤害他人被判刑后，还会不会再受到行政处罚？ 80
148. 企业违法后主动减轻危害后果的，会减免处罚吗？ 80

149. 被执法部门没收的财产能用来折抵刑事处罚中的罚金吗？…… 81
150. 违法单位积极配合行政机关查处违法行为的，会减免处罚吗？
 …………………………………………………………………… 81
151. 行政处罚中被拘留的时间能用来折抵拘役的刑期吗？……… 81
152. 不服执法部门的处罚，如果进行申辩，会加重处罚吗？…… 82
153. 某药店因售假药被责令停业，执法部分有权要求该市其他药店也停业整顿吗？…………………………………………… 82
154. 小孙因乱摆摊被执法部门罚款，若他继续乱摆摊，还会再被罚款吗？……………………………………………………… 83
155. 执法人员未检查就以食品卫生不达标对某餐馆作出罚款处罚，合法吗？………………………………………………… 83
156. 执法人员作出行政处罚时，需要给违法当事人说明情况吗？
 …………………………………………………………………… 84
157. 违法行为超过多长时间，就可以免于行政处罚？…………… 84
158. 执法部门作出罚款处罚时，必须要开收据吗？……………… 85
159. 执法人员作出罚款处罚后，能自行收款吗？………………… 85

二、行政许可 ………………………………………………………… 86
160. 什么是行政许可？药监局申请法院强制执行算不算行政许可？
 …………………………………………………………………… 86
161. 行政许可可以通过哪些方式提出？…………………………… 86
162. 行政许可涉及多个部门时，需要逐个申请吗？……………… 87
163. 办理行政许可需要花钱吗？…………………………………… 87
164. 不熟悉餐饮行政许可办理流程，能让他人代办吗？………… 88

165. 申请人看不懂行政许可条件，工作人员有义务进行说明吗？
　　·· 88
166. 申请教师资格证提交的资料不全，工作人员有义务一次性告知缺少的资料吗？·· 88
167. 申请行政许可时，行政机关有权要求申请人提供无关材料吗？
　　·· 89
168. 申请行政许可未通过，申请人有权知道原因吗？·············· 89
169. 申请营业执照获批后，会在多长时间内发证？················· 90
170. 理发店申请营业执照，需要举行听证吗？······················· 90
171. 参加司法考试，必须要购买指定教材吗？······················· 91
172. 不转让技术就不批准，违法吗？···································· 92
173. 以贿赂方法获得广告审查批准的，会承担什么法律责任？···· 92
174. 因政策变更导致行政许可被撤回，企业的损失该怎么办？···· 93
175. 碍于情面将自己的烟草专卖许可证借给他人，违法吗？······ 93
176. 申请行政许可后，多长时间会有结果？··························· 94
177. 行政机关实施行政许可是收费的，还是免费的？··············· 94

三、行政强制·· 95

178. 行政强制执行是否存在时间限制？································· 95
179. 实施行政强制措施时，对执法人员是否存在人数要求？······ 95
180. 行政强制执行前如何催告？··· 96
181. 催告后，如果当事人转移财产，行政机关可以采取什么措施？
　　·· 96
182. 代履行的含义和程序是什么？·· 97

183. 法院可以行政强制执行吗？ ………………………………… 98
184. 谁来承担法院强制执行所需的费用？ ………………………… 98
185. 行政机关查封、扣押的范围包括哪些？ ……………………… 99
186. 行政机关扣押的财产毁损灭失的，应当由谁赔偿？ ………… 99
187. 行政机关可以重复查封其他行政机关已经查封了的对象吗？
    ………………………………………………………………… 100
188. 行政机关对于违法建筑强制拆除和罚款的注意事项有哪些？
    ………………………………………………………………… 100
189. 何种情形下，行政机关需要中止行政强制执行？ ………… 100
190. 何种情形下，行政机关需要终结行政强制执行？ ………… 101
191. 行政机关可以采取停水停电的方式强迫当事人履行义务吗？
    ………………………………………………………………… 101

四、治安管理处罚 ………………………………………………… 102
192. 十四岁的孩子会受到治安管理处罚吗？ …………………… 102
193. "喝醉了"能成为免除治安管理处罚的理由吗？ ………… 102
194. 举办大型群众性活动时发生事故，谁来承担责任？ ……… 103
195. 精神病人致他人受伤的，是否要接受治安管理处罚？ …… 103
196. 被胁迫违反治安管理的，可以免予处罚吗？ ……………… 104
197. 教唆他人违反治安管理，会不会遭受处罚？ ……………… 104
198. 七十岁以上的老人强拿硬要公私财物的，不能拘留吗？ … 105
199. 散布疫情谣言的，可能受到怎样的治安管理处罚？ ……… 106
200. 对于地铁上的"咸猪手"，应该给予怎样的处罚？ ……… 106
201. 寻衅滋事不构成犯罪的，会受到怎样的治安管理处罚？ … 107

202. 冒领他人信件，会受到治安管理处罚吗？ …………… 107
203. 在名胜古迹上刻字，会受到怎样的治安管理处罚？ ………… 108
204. 卖淫嫖娼的，会受到怎样的治安处罚？ …………… 108
205. 介绍卖淫的，会受到怎样的治安处罚？ …………… 109
206. 遛狗不拴绳子，会受到治安管理处罚吗？ ………… 109
207. 变卖被扣押的设备，将承担什么法律责任？ ……… 110
208. 强买强卖行为会被治安管理处罚吗？ ……………… 110
209. 出租人出租房屋时未登记承租者的身份证，其行为会受到治安管理处罚吗？ …………………………………… 110
210. 制造出扰民的噪声会受到治安管理处罚吗？ ……… 111
211. 公安机关接到报案后以"忙"为借口加以推脱，合理吗？ … 111
212. 办理治安管理案件的民警在什么情况下应当回避？ ……… 112
213. 可以对违反治安管理的案件进行调解吗？ ………… 112
214. 派出所民警有权直接作出行政拘留的决定吗？ …… 113
215. 公安人员当场作出治安管理行政处罚的行为，合法吗？ …… 113
216. 行政拘留暂缓执行需要符合怎样的条件？ ………… 113

第四章 经济与社会法律问答

一、消费者权益保护 ……………………………………… 115
217. 消费者可以通过哪些途径维护自己的权利？ ……… 115
218. 消费者网购的商品被他人代收，导致自己未收到货，造成的损失谁来承担？ ……………………………………… 115

219. 超市涂抹掉促销商品的保质期，这种做法合法吗？·········116
220. 商场能将过期的食品进行特价销售吗？··········116
221. 商家需要对赠品承担质量保障责任吗？··········117
222. 商家出售的商品为以旧翻新的商品时，要承担什么责任？···117
223. 商场能否以物品打折为由拒绝开发票？··········118
224. 消费者购买的商品出现质量问题，商家能否以消费者未检验货物为由拒绝承担责任？··········118
225. 旅行社未经游客允许，擅自在旅游行程中安排购物的，游客可采取什么方式维权？··········119
226. 旅行社发布虚假广告，游客应如何维权？··········119
227. 不具备相应资质的旅行社，能够通过网络营业吗？··········120
228. 游客未按照景区标识和导游带领的正常路线爬山导致受伤，能要求旅行社、景区管理者赔偿吗？··········120
229. 游客被导游带到指定购物点买东西，当买到假货时该怎样维权？··········121
230. 食品安全标准应当包括的内容有哪些？··········122
231. 经营者发布虚假广告导致消费者人身受到损害，谁来承担责任？··········122
232. 商家将蔬菜捆绑混搭销售，这种做法正确吗？··········123

二、正当竞争、诚信经营··········123

233. 仿冒其他品牌的产品是否属于不正当竞争？··········123
234. 经营者在交易活动中贿赂交易方的工作人员，合法吗？·····124
235. 某网店为提升销量雇人刷单，这种行为违法了吗？········125

236. 经营者以贿赂的手段得到他人的商业秘密，会受到什么处罚？ ·············· 126
237. 法律有对商家进行有奖销售的奖金做出限制吗？ ·············· 126
238. 诋毁其他商家的商品，属于不正当竞争吗？ ·············· 127
239. 利用网络技术破坏竞争对手合法提供的网络产品或服务的，会受到什么处罚？ ·············· 127
240. 因产品缺陷致使他人受伤，受害者可以向谁追偿？ ·············· 128
241. 食品不符合安全标准，能召回吗？ ·············· 128
242. 进口产品的包装必须要标注中文说明吗？ ·············· 129
243. 为了占据市场，低于市场价销售商品，合法吗？ ·············· 130
244. 为什么很多广告中使用"更好"，而不是"最好"？ ·············· 130
245. 商家为提升产品销量，在广告宣传中涉及治疗疾病内容，合法吗？ ·············· 131
246. 药品广告语中可以有"治愈率""有效率"一类的宣传语吗？ ·············· 131
247. 单位招投标时，招标单位应至少向几家公司发出投标邀请？ ·············· 132

三、财税 ·············· 133

248. 在我国，个人所得税的税率是按照什么规则计算的？ ·············· 133
249. 在我国，是如何计算个人应纳税所得额的？ ·············· 134
250. 在我国，哪些居民可以减征个人所得税？ ·············· 135
251. 劳动者有两项以上收入都应纳税，其个人所得税应怎样计算？ ·············· 136

252. 个人所得税中包含加班所得的收入吗？……………………… 136
253. 公司将高温补贴算进工资、扣除个人所得税的做法是合法的吗？………………………………………………………… 137
254. 被返聘的退休人员取得收入时，也要缴纳个人所得税吗？… 137
255. 从事会计工作一定要有会计从业资格证吗？………………… 138
256. 缴纳税款规定的最后一日为法定节假日，该怎么办？……… 139
257. 当纳税人不能提供纳税担保时，税务机关可以采取哪些措施？………………………………………………………… 139
258. 滞纳金也属于纳税担保范畴吗？……………………………… 140
259. 财产已经被纳税抵押，还能将其转让给别人吗？…………… 140
260. 税务机关有权以公司尚未缴清税款为由阻止其法定代表人出境吗？………………………………………………………… 141
261. 纳税人提供虚假资料，将受到怎样的法律制裁？…………… 141

四、社会保障与救助 ……………………………………………… 142

262. 缴满十五年养老保险是享受养老保险待遇的唯一途径吗？… 142
263. 未到法定退休年龄，可以提前享养老保险金吗？…………… 143
264. 在领养老保险金之前丧失劳动能力的，怎么解决？………… 143
265. 因他人致伤且对方拒绝赔偿的，所需医疗费可以从保险中支付吗？………………………………………………………… 144
266. 已经退休的人员还用继续缴纳医疗保险吗？………………… 144
267. 失业保险金是所有的失业人员都可以领吗？………………… 145
268. 失业保险金的领取期限是多长时间？………………………… 145
269. 停止领取失业保险金的情况有哪些？………………………… 146

270. 能够把住房公积金取出来的情况有哪些？ 146
271. 哪些人员可以享受最低生活保障？ 147
272. 最低生活保障和医疗救助可以同时享受吗？ 147
273. 身份不明的危重病人就不能得到疾病应急救助了吗？ 148
274. 因家中遭遇意外事件申请临时救助的，能申请成功吗？ 149
275. 哪些人可以得到教育救助？ 149
276. 需要给予特困供养的人包括哪些？如果特困人员不再符合供养条件，应如何处理？ 150
277. 特困供养人员可以不在供养服务机构集中生活吗？ 150
278. 城市居民在享受低保期间尚未就业时，是否必须参加社区公益服务活动？ 151
279. 租房补助属于住房救助待遇吗？ 151
280. 已经将廉租房承租了，还能再进行转租吗？ 152

五、劳动就业 152

281. 员工到新公司上班，应在什么时间签订劳动合同？ 152
282. 用人单位没有和劳动者签订劳动合同的，将承担什么责任？ 153
283. 用人单位扣押员工的身份证或其他证件，违法吗？ 154
284. 关于上岗培训费，新员工要自己承担吗？ 154
285. 所有劳动者都要签竞业限制协议吗？ 155
286. 什么是无固定期限劳动合同？它适用哪些情形呢？ 155
287. 用人单位在劳动合同期满后未续签，劳动者继续上班的，会面临什么后果？ 156

288. 劳动者可以单方解除劳动合同的情形有哪些？……………… 157
289. 劳动者需要支付用人单位违约金的情形有哪些？………… 157
290. 用人单位在哪些情形下可以单方解除劳动合同？………… 158
291. 女职工怀孕期间，用人单位有权与其解除劳动合同吗？…… 159
292. 用人单位能否以劳动者因工伤不能从事原工作为由与其解除劳动合同？……………………………………………………… 159
293. 新入职的员工试用期一般多久？……………………………… 160
294. 劳动者在试用期内辞职的，需要提前多久通知用人单位？… 160
295. 劳动者在试用期内的工资数额是用人单位可以随意规定的吗？……………………………………………………………… 161
296. 什么是最低工资？包含加班费、补贴、津贴吗？…………… 161
297. 劳动者未加班的，用人单位有权扣发工资吗？……………… 162
298. 用人单位能随意安排劳动者加班吗？………………………… 162
299. 用人单位能否以女职工怀孕为由降低其工资？……………… 163
300. 上班期间突发疾病后经抢救无效死亡，可以被认定为工伤吗？……………………………………………………………… 163
301. 公司组织旅游，员工在此期间突发疾病死亡，可以被认定为工伤吗？………………………………………………………… 164
302. 劳动者申请劳动仲裁必须以书面的形式吗？………………… 165
303. 劳动者在什么情况下可以申请强制执行要求用人单位履行劳动仲裁结果？…………………………………………………… 165

第五章　刑事法律问答

一、犯罪与处罚 ·· 166

304. 醉酒状态下将他人打伤的，能否以当时神志不清为由而不负刑事责任？ ··· 166

305. 间歇性精神病人在正常时候犯罪的，是否需要承担刑事责任？ ··· 166

306. 十五周岁的少年实施犯罪行为的，会不会因为年龄较小而不承担刑事责任？ ······································· 167

307. 对于犯故意伤人罪的罪犯，能否剥夺其政治权利？ ········· 167

308. 正在服刑的罪犯供述自己罪行的，是不是自首？ ··········· 168

309. 怀孕的妇女被判处一年有期徒刑的，可以适用缓刑吗？ ····· 168

310. 在监狱有重大发明创造的，该行为是否属于立功表现？ ····· 169

311. 对于犯抢劫罪被判处十二年有期徒刑的罪犯，符合假释条件的，能否假释？ ·· 170

312. 向法院提出控告后，法院应当立案受理而未受理的案件，是否受追诉时效的限制？ ······································ 170

313. 只要是正当防卫，就无须承担刑事责任吗？ ··············· 171

二、常见犯罪 ·· 172

314. 利用电脑和手机搜集和保存大量恐怖主义视频的，是否会受到刑事处罚？ ·· 172

315. 在兵营附近捡拾到散落的子弹并藏匿的，可能会受到什么刑事处罚？ ··· 172

316. 校车超员载客被警察查到的，是否需要负刑事责任？············ 173
317. 向不特定社会成员筹集资金的，是否构成集资诈骗罪？······ 173
318. 捡拾他人信用卡进行刷卡购物的，是否构成信用卡诈骗罪？
   ·· 174
319. 组织参加传销活动的，可能会受到什么刑事处罚？············ 174
320. 公司经理利用职务之便，收受他人财物，为他人谋取不正当利益的，构成何罪？··· 175
321. 纠集社会人员，在马路上随意拦截他人，打砸、辱骂的，是否构成犯罪？··· 176
322. 在足球场外当众焚烧国旗，会面临什么处罚？···················· 176
323. 为犯罪的好友提供住处，躲避侦查的，会面临什么处罚？··· 177
324. 编造所在小区多人感染新冠病毒，对外扩散造成恐慌的，构成犯罪吗？··· 177
325. 在传染病流行期间，已出现症状但拒绝隔离而传染多人的，会承担刑事责任吗？··· 177
326. 被判赔偿他人损失的人挥霍财产，拒绝执行生效判决的，会受到什么处罚？··· 178
327. 偷猎藏羚羊的，涉嫌什么罪？··· 178
328. 召集吸毒人员在自己家中吸毒的，召集人可能受到什么处罚？
   ·· 179
329. 容留他人在住处从事卖淫活动的，是否需要承担刑事责任？
   ·· 179
330. 虚构事实，当众拉横幅诽谤他人的，如何处理？················ 179

331. 扣押他人后，为了防止其逃跑将其捆绑，但是由于捆绑太紧造成被害人被勒窒息而死的，能否以故意杀人罪论处？ ……… 180
332. 使用暴力拉扯、猥亵独自夜跑的女性的，如何处罚？ … 181
333. 强奸罪有哪些法定加重情节？ ……………………… 181
334. 错告他人的，能否以诬告陷害罪处罚？ ……………… 182
335. 因嫌弃新生婴儿长相丑陋，将其扔在人流大的公园的，会受到什么处罚？ ………………………………………… 182
336. 幼儿园老师虐待孩童，造成多名孩童身体多处伤痕的，该教师可能面临什么处罚？ …………………………… 182
337. 替好友保管名画后，拒绝退还的，是否会受到刑事处罚？ … 183
338. 挪用公司大量资金进行赌博活动的，构成什么罪？ …… 183
339. 携带凶器抢夺，而没有使用凶器的，也构成抢劫吗？ … 184
340. 利用亲友是某国家机关的领导的背景，收受财物为他人谋取利益的，如何处罚？ …………………………………… 184

第六章　诉讼法律问答

一、民事诉讼 ……………………………………………… 186
341. 已超过诉讼时效，如果起诉，案件还会被受理吗？ …… 186
342. 儿童伤人的，谁是被告？ ……………………………… 186
343. 恶意起诉的，会承担怎样的法律后果？ ……………… 187
344. 员工能否被单位委托为诉讼代理人？ ………………… 187
345. 诉讼代理人能否代替当事人与对方进行民事和解？ …… 188

346. 当事人人数众多时，法院会不会直接指定部分人员作为代表？ ……………………………………………………………………… 188
347. 法律中的"经常居住地"是不是公民的住所地？ ………… 189
348. 案件受理后，当事人住所变更的，是否需要重新起诉？ …… 190
349. 经营者使用格式条款约定管辖法院，但是未告知消费者该信息的，消费者能否主张该约定无效？ …………………………… 190
350. 当事人主张自己权利受到侵害的，是否需要提供证据证明？ ……………………………………………………………………… 191
351. 因证据涉及他人隐私，无法自行收集的，能否申请法院收集？ ……………………………………………………………………… 191
352. 由于证据收集难度较大，无法在规定时间内收集的，当事人能否申请延长举证期限？ ……………………………………… 192
353. 被告对于原告逾期提供的证据进行答辩的，该证据是否属于逾期提供的证据？ ……………………………………………… 192
354. 对方当事人拒不提交保存的关键书证的，法院会怎样处理？ ……………………………………………………………………… 193
355. 当事人需要申请证人出庭的，应当何时提出申请？ ………… 193
356. 十岁孩童出庭作证，未签保证书的，能否作证？ …………… 194
357. 根据已发生法律效力的判决请求侵权赔偿的，对于侵权事实的存在，当事人是否需要提供证据予以证明？ ………………… 194
358. 当事人提供的往来邮件是不是电子数据？ …………………… 195
359. 当事人在要债时，对往来电话录音的，该录音证据能否作为证据使用？ …………………………………………………… 195

360. 当事人申请鉴定后,能否拒绝预交鉴定费? ……………… 196
361. 为了让证言对己方有利,当事人花钱收买证人的,会受到什么处罚? ……………………………………………………… 196
362. 法官接受对方当事人请客、送礼的,是否应当回避? ……… 197
363. 在哪些情形下,可以申请先予执行? …………………… 198
364. 当事人向法院申请保全措施后,不起诉也不申请仲裁的,会出现什么结果? ………………………………………… 199
365. 不听法官劝阻,哄闹法庭的,会面临什么处罚? ………… 199
366. 在法院执行前,隐匿财产逃避执行的,会受到哪些处罚? … 200
367. 当事人在诉讼中死亡的,法院一般会如何处理? ………… 200
368. 合议庭评议案件时,会不会因为院长等领导在场,直接以领导的看法为最终意见? ……………………………………… 201
369. 法院在审判监督程序中,按照第一审程序审理的案件,当事人能否上诉? ………………………………………………… 201
370. 检察院作出不予抗诉决定的,当事人能否再次向检察院提出申请? ……………………………………………………… 202
371. 针对调解书,能否申请法院强制执行? ………………… 202
372. 申请执行的当事人是否需要垫付执行费用? …………… 203
373. 强制执行后仍未偿还全部债务,之后当事人发现被执行人有其他财产的,能否再次申请执行? ……………………… 203
374. 拒不履行生效法律文书确定的义务的人,可否纳入失信名单? ……………………………………………………… 204
375. 案外人向法院提起执行异议之诉的,时间上有无限制? …… 204

376. 被执行人与他人串通，利用调解方式转移财产的，会面临什么处罚？·················· 205

377. 妻子能否代收与丈夫有关的债务纠纷诉讼文书？·················· 205

378. 当事人收到的电子邮件送达日期与法院发送日期不同的，以哪个为准？·················· 206

379. 原告拒绝补交诉讼费的，已经缴纳的部分，是否还会退还？·················· 206

380. 原告胜诉后，能否主张先前预交的诉讼费，直接由败诉方向自己支付？·················· 207

二、行政诉讼 ·················· 207

381. 想要成功提起行政诉讼，必须满足哪些条件？·················· 207

382. 提起行政诉讼前，必须先经过行政复议吗？·················· 208

383. 不服行政复议结果而提起行政诉讼，该告谁？·················· 208

384. 对几个行政机关共同作出的行政行为不服，应该以谁为被告？·················· 209

385. 要提起行政诉讼，但起诉状写得不专业，担心法院不接收该怎么办？·················· 209

386. 在诉讼过程中，行政机关还能收集证据证明自己作出的行政行为合法吗？·················· 210

387. 行政机关不作为，原告起诉时还需要提交证据材料吗？·················· 210

388. 在认定具体行政行为的合法性时，哪些证据不能用？·················· 211

389. 在行政诉讼期间，行政行为停止执行吗？·················· 211

390. 审判人员与本案有利害关系，原告有权申请其回避吗？·················· 212

391. 对行政机关作出的行政行为不服，可以置之不理吗？ ……… 212
三、刑事诉讼 ……………………………………………………… **212**
392. 在刑事诉讼中，哪些案件属于自诉案件？ ………………… 212
393. 在刑事附带民事诉讼中，被害人可以同时主张物质损害和精神损害赔偿吗？ ………………………………………………… 213
394. 刑事速裁程序在什么情况下可以适用？ …………………… 213
395. 不是律师，能担任刑事案件的辩护人吗？ ………………… 214
396. 刑事被告人觉得辩护人辩护得不好，可以拒绝辩护人辩护而自己进行辩护吗？ ……………………………………………… 214
397. 证据确凿但犯罪嫌疑人就是拒不认罪，这种情况下能定罪吗？ ……………………………………………………………… 215
398. 犯罪嫌疑人认罪认罚的，都必须签署认罪认罚具结书吗？ … 215
399. 以刑讯逼供的方式收集的证据，可以使用吗？ …………… 216
400. "坦白从宽"有没有法律依据？ …………………………… 217
401. 个人有义务提供证明犯罪嫌疑人有罪的证据吗？ ………… 217
402. 证人因作证而面临危险，公安、司法机关要如何进行保护？ ……………………………………………………………… 217
403. 被告人不服一审判决想上诉，但又担心二审判决对自己更不利，该怎么办？ ……………………………………………… 218

第一章 宪法与宪法性法律问答

一、中华人民共和国宪法

1. 在我国，哪一天为宪法日？

2014年11月1日，第十二届全国人大常委会第十一次会议表决通过，将12月4日设立为国家宪法日。每年12月4日，国家通过多种形式开展宪法宣传教育活动，以此增强全社会的宪法意识，弘扬宪法精神，加强宪法实施，全面推进依法治国。

2. 需要进行宪法宣誓的人有哪些？宣誓内容又是什么？

宪法宣誓制度是全国人大常委会于2015年7月1日表决通过的。根据我国《宪法》第二十七条第三项的规定，国家工作人员就职时应当依照法律规定公开进行宪法宣誓。也就是说，只要是国家工作人员，在就职的时候，都应该进行宪法宣誓。

2018年2月24日，第十二届全国人大常委会第三十三次会议修订宪法宣誓制度，修改后的宪法宣誓誓词为："我宣誓：忠于中华人民共和国宪法，维护宪法权威，履行法定职责，忠于祖国、忠于人民，恪尽职守、廉洁奉公，接受人民监督，为建设富强民主文明和谐美丽的社会主义现代化强国努力奋斗！"

3. 公民遵守公共秩序和社会公德，是宪法的要求吗？

所谓公共秩序，就是社会公共生活秩序，具体是指社会管理秩序、生产秩序、工作秩序、交通秩序和公共场所秩序。遵守公共秩序是我国公民的基本义务之一。社会公德是指在一定社会占统治地位的道德准则，是生活于社会中的人们为了我们群体的利益而约定俗成的、每一个人应该做什么和不应该做什么的基本行为规范。根据我国《宪法》第五十三条规定："中华人民共和国公民必须遵守宪法和法律，保守国家秘密，爱护公共财产，遵守劳动纪律，遵守公共秩序，尊重社会公德。"由此可见，公民遵守公共秩序和社会公德是宪法的要求。每个公民必须从自身做起，遵守公共秩序和社会公德。

4. 言论自由就意味着可以随便说吗？

言论自由是指公民通过各种语言形式表达其思想和见解的自由。我国《宪法》第三十五条规定："中华人民共和国公民有言论、出版、集会、结社、游行、示威的自由。"可见，我国公民享有言论自由的权利。但任何自由都不是绝对的，都要受到一定的限制。在现行法律中，对言论自由进行了一定的限制，一般表现为：（一）不得侵犯他人的名誉权，否则构成诽谤；（二）不得侵犯他人的隐私权，否则构成侵权；（三）不得有猥亵和淫秽等违反善良风俗言论；（四）不得泄露国家机密、危害国家安全。

5. 进行游行示威活动需要遵守哪些规定？

根据我国《宪法》第三十五条的规定，公民享有游行示威的自由，但是公民进行游行示威时也必须遵守法律的相关规定。《集会游行示威法》第四条规定："公民在行使集会、游行、示威的权利的时候，必须遵守宪法和法律，不得反对宪法所确定的基本原则，不得损害国家的、社会的、集体的利益和其他公民的合法的自由和权利。"同时，本法第五条、第六条还规定，集会、游行、示威应当和平地进行，不得携带武器、管制刀具和爆炸物，不得使用暴力或者煽动使用暴力。集会、游行、示威的主管机关，是集会、游行、示威举行地的市、县公安局、城市公安分局；游行、示威路线经过两个以上区、县的，主管机关为所经过区、县的公安机关的共同上一级公安机关。由此可见，公民要举行游行示威活动，须提前向公安机关提出申请，得到批准后方可按规定的时间及路线举行游行示威活动。未经公安机关批准，或者没有按照公安机关许可的目的、方式、标语、口号、起止时间、地点、路线等进行游行示威活动的，在进行中出现危害公共安全或者严重破坏社会秩序等情况的，均属违法。

6. 对国家公职人员，公民是否享有批评建议权？

在我国，国家的一切权力属于人民。人民可以用直接民主的方式，自己提出批评和建议，直接行使当家做主的权利；也可以通过间接民主的方式，选举自己的代表代替自己行使当家做主的权利。对此，我国《宪法》第四十一条第一款规定："中华人民共和国公民对于任何国家机关和国家工作人员，有提出批评和建议的权利；对于任何国家机关和国家工作人员的违法失职行为，有向有关国家机关提出申诉、控告或者检举的权利，但是不得捏造或者歪曲事实进行诬告陷害。"由此可知，公民对国家公职人员享有批评、建议权。其中，批评权是公民对国家机关和国家工作人员在工作中的缺点、错误，有提出批评意见的权利；建议权是公民对国家机关、国家工作人员的工作提出建设性意见和建议的权利。

7. 捏造虚假事实检举他人属于行使检举权吗？

目前，国家正在不断加大反腐倡廉的力度，然而，有些心怀不轨的人却借着国家的反腐工作对一些廉洁勤政的官员打击报复，无中生有，捏造或歪曲事实，匿名举报。那么，这也是公民行使检举权的表现吗？对此，我国《宪法》第四十一条第一款做出了相应规定，对于任何国家机关和国家工作人员的违法失职行为，公民有向有关国家机关提出申诉、控告或者检举的权利，但是不得捏造或者歪曲事实进行诬告陷害。可见，检举权是公民对于违法失职的国家机关和工作人员的违法失职行为，向有关机关揭发事实请求依法处理的权利。这是法律赋予公民的一项权利，但任何人都不能打着"行使检举权"的旗号，侵犯他人的合法权益。公民行使批评、建议、申诉、控告或者检举权利时，必须要事实求是，绝不能捏造或者歪曲事实进行诬告陷害，否则有可能涉嫌侮辱诽谤罪，受到刑事追究。

8. 搜查公民的住宅是随随便便就可以进行的吗？

我国《宪法》第三十九条规定："中华人民共和国公民的住宅不受侵犯。禁止非法搜查或者非法侵入公民的住宅。"由此可见，公民的住宅是不能随便搜查的。住宅对每一位公民的生活都是必不可少的，保护住宅是保障公民安居乐业、社会秩序和谐稳定的基础，因此公民的住宅安全十分重要，我国法律明确规定保护公民的住宅。在我国，尽管有些国家机关，比如公安机关、监察机关，因搜查证据、查获犯罪的需要，可以搜查公民的住宅，但也必须依法进行，而且要经过非常严格的法定程序，任何组织和个人都不得随意进入他人住宅。

9. 能要求他人信教吗？

我国《宪法》第三十六条规定："中华人民共和国公民有宗教信仰自由。任何国家机关、社会团体和个人不得强制公民信仰宗教或者不信仰宗教，不得歧视信仰宗教的公民和不信仰宗教的公民。国家保护正常的宗教活动。任何人不得利用宗教进行破坏社会秩序、损害公民身体健康、妨碍国家教育制度的活动。宗教团体和宗教事务不受外国势力的支配。"宗教信仰自由是公民生活中一项很重要的权利，是指公民有信教或者不信教的自由，有信仰不同宗教的自由，有信仰同宗教中不同教派的自由，有过去信教现在不信教或者过去不信教而现在信教的自由。公民依法享有宗教信仰自由，国家保护正常的宗教活动，任何人都不能要求他人信教或者不信教。

10. 村委会有权决定逮捕他人吗？

逮捕是对公民人身自由的剥夺，因此，对于国家机关逮捕权的行使，必须进行严格限制，以防滥用逮捕权，危害公民的人身自由权。我国《宪法》第三十七条第一款规定："中华人民共和国公民的人身自由不受侵犯。"该条第二款规定："任何公民，非经人民检察院批准或者决定或者人民法院决定，并由公安机关执行，不受逮捕。"据此可知，检察院在审查提起公诉以及法院在审理案件的过程中，有权决定逮捕。此外，公安机关拘留犯罪嫌疑人之后向检察院提请批准逮捕，检察院经审理符合逮捕条件的，可以批准逮捕，而村委会并没有权利决定逮捕他人。需要注意的是，不管是由检察院批准或者决定，或者人民法院决定的逮捕，都是由公安机关执行，其他任何机关和组织都无权执行逮捕他人。

11. 服兵役是我国公民应尽的义务吗？

我国《宪法》第五十五条规定："保卫祖国、抵抗侵略是中华人民共和国每一个公民的神圣职责。依照法律服兵役和参加民兵组织是中华人民共和国公民的光荣义务。"可见，公民保卫祖国、抵抗侵略是其法定职责，而履行这一职责最直接的方式就是服兵役和参加民兵组织。此外，根据我国《国防法》第五十条的规定，依照法律服兵役和参加民兵组织是中华人民共和国公民的光荣义务。各级兵役机关和基层人民武装机构应当依法办理兵役工作，按照国务院和中央军事委员会的命令完成征兵任务，保证兵员质量。其他有关国家机关、社会团体和企业事业单位应当依法完成民兵和预备役工作，协助兵役机关完成征兵任务。

国家的安全、领土完整和主权独立，关系到全体公民的各项权利和自由能否实现，关系到中华民族的生死存亡与伟大复兴，因此，保卫祖国、抵抗侵略，是每一位公民的一项光荣义务和神圣职责。

12. 自己开垦荒林后，荒林的所有权会是个人的吗？

我国《宪法》第九条第一款规定："矿藏、水流、森林、山岭、草原、荒地、滩涂等自然资源，都属于国家所有，即全民所有；由法律规定属于集体所有的森林和山岭、草原、荒地、滩涂除外。"由此可见，我国绝大多数自然资源都属于国家所有，部分属于集体所有。因此，荒林不会因为他人开垦，所有权就变成个人所有，而是属于国家或集体所有。

13. 宪法中有规定"节约"吗？

我国《宪法》第十四条第二款规定："国家厉行节约，反对浪费。"也就是说，我国《宪法》中明确规定公民要注重"节约"。现实社会中，有很多铺张浪费的现象。比如，在大学食堂中，同学们吃剩下的好多饭菜，都倒在垃圾桶里；各种高低档餐厅餐馆，每天都要倒掉大量的剩饭剩菜，这些都是极大的浪费粮食的行为。为了发扬中华民族勤俭节约的美德，建设节约型社会，我国提出了"厉行节约，反对浪费"的号召，这绝不仅仅是一句口号，更是宪法的明令规定。

14. 涂抹国旗会受到法律制裁吗?

国旗是国家的象征和标志,代表着国家的尊严和威信,什么时候、什么地方、怎样悬挂国旗是一件十分严肃的事。我国《国旗法》第二十三条规定:"在公共场合故意以焚烧、毁损、涂划、玷污、践踏等方式侮辱中华人民共和国国旗的,依法追究刑事责任;情节较轻的,由公安机关处以十五日以下拘留。"由此可知,涂抹国旗的行为属于对国旗的侮辱,凡是构成对国旗侮辱行为的,都会受到法律的制裁,要承担相应的治安管理责任或刑事责任。因此,我们应当自觉维护国旗尊严,正确升挂和使用国旗,形成全社会尊重和爱护国旗的良好氛围。

15. 升旗时,我们应该注意什么?

关于升旗的注意事项,我国《国旗法》第十四条做出了相关规定:升挂国旗时,可以举行升旗仪式。举行升旗仪式时,在国旗升起的过程中,参加者应当面向国旗肃立致敬,并可以奏国歌或者唱国歌。此外,我国《国旗法》第十七条规定:"升挂国旗,应当将国旗置于显著的位置。列队举持国旗和其他旗帜行进时,国旗应当在其他旗帜之前。国旗与其他旗帜同时升挂时,应当将国旗置于中心、较高或者突出的位置。在外事活动中同时升挂两个以上国家的国旗时,应当按照外交部的规定或者国际惯例升挂。"该法第十八条第一款规定:"在直立的旗杆上升降国旗,应当徐徐升降。升起时，必须将国旗升至杆顶；降下时，不得使国旗落地。"所以，升旗手们在升降国旗时需要注意的有很多，我们参加升旗仪式时，也应当注意规范自己的行为。

16. 公民能随意利用和使用国徽吗？

国徽是国家的象征和标志。一切组织和公民，都应当尊重和爱护国徽。但是，生活中总有一些人会把国徽用在不该用的地方，比如，用国徽作为网站商标等。我国法律对国徽的使用有着明确的限制，根据我国《国徽法》第十三条的规定，国徽及其图案不得用于：（一）商标、广告；（二）日常生活的陈设布置；（三）私人庆吊活动；（四）国务院办公厅规定不得使用国徽及其图案的其他场合。也就是说，公民不能随意利用和使用国徽及国徽图案，否则将导致国徽失去其本身的意义，也会使国家权力的威信受到质疑。

二、人民代表选举

17. 全国人大代表的权利包括哪些？

全国人大代表是最高国家权力机关的组成人员，代表人民的利益和意志，依照宪法和法律赋予的各项职权，参加全国人民代表大会，行使国家权力。具体来说，全国人大代表享有下列权利：（一）出席全国人民代表大会会议，参加审议各项议案、报告和其他议题，发表意见；（二）依法联名提出议案、质询案、罢免案等；（三）提出对各方面工作的建议、批评和意见；（四）参加全国人民代表大会的各项选举；（五）参加全国人民代表大会的各项表决；（六）获得依法执行代表职务所需的信息和各项保障；（七）法律规定的其他权利。

18. 全国人大代表的义务包括哪些？

全国人大代表代表着亿万人民的意愿和心声，在享受人民赋予的权力的同时，也要依法履行相应的义务，否则就无法保障全国人大代表尽职履责。根据《全国人民代表大会和地方各级人民代表大会代表法》中的相关规定，全国人大代表应当履行下列义务：（一）模范地遵守宪法和法律，保守国家秘密，在自己参加的生产、工作和社会活动中，协助宪法和法律的实施；（二）按时出席全国人民代表大会会议，认真审议各项议案、报告和其他议题，发表意见，做好会议期间的各项工作；（三）积极参加统一组织的视察、专题调研、执法检查等履职活动；（四）加强履职学习和调查研究，不断提高执行代表职务的能力；（五）与原选区选民或者原选举单位和人民群众保持密切联系，听取和反映他们的意见和要求，努力为人民服务；（六）自觉遵守社会公德，廉洁自律，公道正派，勤勉尽责；（七）法律规定的其他义务。

19. 全国人大代表的资格被终止的情形有哪些？

全国人大代表每届任期五年，在任期内依法享有代表权利，履行法定职责，如果其不作为、乱作为，怠于行使代表权利的，则其资格可能会被提前终止。

根据我国《全国人民代表大会和地方各级人民代表大会代表法》第四十九条的规定，代表有下列情形之一的，其代表资格终止：（一）地方各级人民代表大会代表迁出或者调离本行政区域的；（二）辞职被接受的；（三）未经批准两次不出席本级人民代表大会会议的；（四）被罢免的；（五）丧失中华人民共和国国籍的；（六）依照法律被剥夺政治权利的；（七）丧失行为能力的。

20. 能否直接逮捕全国人大代表？

逮捕是指公安机关、人民检察院和人民法院，为了防止犯罪嫌疑人或者被告人实施妨碍刑事诉讼的行为，逃避侦查、起诉、审判或者发生社会危险性，而依法暂时剥夺其人身自由的一种强制措施。由于人大代表的特殊身份，公安及检察机关在执行逮捕的过程中会对人大代表给予一定保障。我国《宪法》第七十四规定："全国人民代表大会代表，非经全国人民代表大会会议主席团许可，在全国人民代表大会闭会期间非经全国人民代表大会常务委员会许可，不受逮捕或者刑事审判。"这就意味着只有经过全国人大主席团或全国人大常委会的许可，才可以逮捕全国人大代表。

21. 某区域人大代表迁出该行政区域后是否还能继续担任该区域人大代表？

我国《全国人民代表大会和地方各级人民代表大会选举法》第

五十七条规定:"代表在任期内,因故出缺,由原选区或者原选举单位补选。地方各级人民代表大会代表在任期内调离或者迁出本行政区域的,其代表资格自行终止,缺额另行补选。县级以上的地方各级人民代表大会闭会期间,可以由本级人民代表大会常务委员会补选上一级人民代表大会代表。补选出缺的代表时,代表候选人的名额可以多于应选代表的名额,也可以同应选代表的名额相等。补选的具体办法,由省、自治区、直辖市的人民代表大会常务委员会规定。对补选产生的代表,依照本法第四十七条的规定进行代表资格审查。"由此可知,我国的地方各级人大代表是按行政区划选举产生的,人大代表一旦迁出或调离本行政区域,就失去了当选该行政区域人民代表大会代表的资格,因此,当该人大代表不论什么原因迁出或调离本行政区域后,他在该区域的代表资格就立即终止。

22. 对候选名单有不同意见时,该怎么办?

选举权和被选举权是《宪法》赋予公民的政治权利,凡是年满十八周岁、具有中国国籍且没有被剥夺政治权利的公民都可以成为选民。如果对于选民名单有不同的意见,可以向有关选委会及时提出申诉,选委会应该在一定时间内做出回应,这也是法律对于公民选举权和被选举权的保障之举。

根据我国《全国人民代表大会和地方各级人民代表大会选举法》第二十九条的规定:对于公布的选民名单有不同意见的,可以在选民名单公布之日起五日内向选举委员会提出申诉。选举委员会对申诉意见,应在三日内作出处理决定。申诉人如果对处理决定不服,可以在选举日的五日以前向人民法院起诉，人民法院应在选举日以前作出判决。人民法院的判决为最后决定。

23. 选民因特殊情况无法按时参与投票的，有其他方法吗？

为了保障每一位选民的选举权都能得以行使，我国《全国人民代表大会和地方各级人民代表大会选举法》第四十二条规定："选民如果在选举期间外出，经选举委员会同意，可以书面委托其他选民代为投票。每一选民接受的委托不得超过三人，并应当按照委托人的意愿代为投票。"该规定实际上解决了人大代表在实际选举时出现的一些意外情况。选民如果因特殊情况无法按时参与投票的，可以书面委托其他选民代为投票，但是每一选民接受的委托不得超过三人，并且应按照委托人的意愿代为投票。但是，代为投票权也不能滥用，不然就违背了法律设定的初衷。

24. 对于暴力、贿选等手段破坏选举的行为，应如何制裁？

针对选举中出现的暴力、威胁、欺骗或者其他非法行为，根据我国《全国人民代表大会和地方各级人民代表大会选举法》第五十八条的规定，以暴力、威胁、欺骗或者其他非法手段妨害选民和代表自由行使选举权和被选举权而当选的，其当选无效；违反治安管理规定的，依法给予治安管理处罚；构成犯罪的，依法追究刑事责任。此外，该法第五十九条规定："主持选举的机构发现有破坏选举的行为或者收到对破坏选举行为的举报，应当及时依法调查处理；需要追究法律责任的，及时移送有关机关予以处理。"因此，法律严厉打击以暴力、贿选等手段破坏选举的行为，对行为人将依法给予治安管理处罚；构成犯罪的，依法追究刑事责任。

25. 选举了非人大代表候选人，选举人的票会作废吗？

我国《全国人民代表大会和地方各级人民代表大会选举法》第四十一条规定："选举人对于代表候选人可以投赞成票，可以投反对票，可以另选其他任何选民，也可以弃权。"也就是说，候选人是在选举时被确定为选举对象的人。但是，即使事先依据程序确定了候选人，法律也并不强迫公民选或者是不选，毕竟选举权是公民的一项权利，公民享有行使选举权的自由，可以根据自己的意愿做出选择，可以赞成、可以反对、可以弃权甚至是可以选择候选人以外的其他人。因此，如果选举了非候选人，选举人的票并不会作废。

26. 参加投票的选民票数未达到半数以上，还能当选吗？

我国《全国人民代表大会和地方各级人民代表大会选举法》第四十五条第一款规定："在选民直接选举人民代表大会代表时，选区全体选民的过半数参加投票，选举有效。代表候选人获得参加投票的选民过半数的选票时，始得当选。"该条第二款规定："县级以上的地方各级人民代表大会在选举上一级人民代表大会代表时，代表候选人获得全体代表过半数的选票时，始得当选。"由此可见，在选举有效的前提下，代表候选人未能获得参加投票选民过半数的选票的，不能当选。

27. 人大代表是贿赂选民得来的，是否有效？

我国《全国人民代表大会和地方各级人民代表大会选举法》第五十八条规定："为保障选民和代表自由行使选举权和被选举权，对有下列行为之一，破坏选举，违反治安管理规定的，依法给予治安管理处罚；构成犯罪的，依法追究刑事责任：（一）以金钱或者其他财物贿赂选民或者代表，妨害选民和代表自由行使选举权和被选举权的……国家工作人员有前款所列行为的，还应当由监察机关给予政务处分或者由所在机关、单位给予处分。以本条第一款所列违法行为当选的，其当选无效。"据此可知，以金钱或者其他财物贿赂选民或者代表而当选的，其当选无效。

对于人民代表的选举，应当是符合法定程序，经由选民自己的意愿而选举产生的。贿选是破坏了我们国家法律所保护的正当的选举活动，损害了国家的公平和正义，极其恶劣。一旦发生贿赂选举的事实，那么该人大代表的当选就不能代表最普遍选民的意愿与利益，有悖于法律设定公平、公开选举的初衷。作为选举的候选人，要杜绝这种破坏选举公平的行为，不做投机违法之徒；作为选民，遇到贿选的情况，要坚定立场，坚决抵制，并及时举报。

28. 选民对自己选出的人民代表大会代表有罢免权吗？

《全国人民代表大会和地方各级人民代表大会选举法》第五十条规定："对于县级的人民代表大会代表，原选区选民五十人以上联名，对于乡级的人民代表大会代表，原选区选民三十人以上联名，可以向县级的人民代表大会常务委员会书面提出罢免要求。罢免要求应当写明罢免理由。被提出罢免的代表有权在选民会议上提出申辩意见，也可以书面提出申辩意见。县级的人民代表大会常务委员会应当将罢免要求和被提出罢免的代表的书面申辩意见印发原选区选民。表决罢免要求，由县级的人民代表大会常务委员会派有关负责人员主持。"由此可见，选民对自己选出的人民代表大会代表同样享有罢免的权利。选民选出的人大代表没有依法履行代表职责时，选民可以行使罢免权，但选民罢免自己所选出的人大代表时，必须由符合法律规定人数的选民联名提起才可以。

29. 罢免人大代表未通过民主表决，有效吗？

罢免人大代表跟选举人大代表一样，同样需要进行民主表决。对此，我国《全国人民代表大会和地方各级人民代表大会选举法》第五十三条明确规定，罢免县级和乡级的人民代表大会代表，须经原选区过半数的选民通过。罢免由县级以上的地方各级人民代表大会选出的代表，须经各该级人民代表大会过半数的代表通过；在代表大会闭会期间，须经常务委员会组成人员的过半数通过。罢免的决议，须报送上一级人民代表大会常务委员会备案、公告。因此，要罢免人大代表的职位，需要进行民主表决，即经过原选区过半数的选民的同意，未通过民主表决的，罢免无效。

三、基层群众自治

30. 满足哪些条件时,才可以参与竞选村委会成员?

我国《村民委员会组织法》第十三条规定:"年满十八周岁的村民,不分民族、种族、性别、职业、家庭出身、宗教信仰、教育程度、财产状况、居住期限,都有选举权和被选举权;但是,依照法律被剥夺政治权利的人除外。村民委员会选举前,应当对下列人员进行登记,列入参加选举的村民名单:(一)户籍在本村并且在本村居住的村民;(二)户籍在本村,不在本村居住,本人表示参加选举的村民;(三)户籍不在本村,在本村居住一年以上,本人申请参加选举,并且经村民会议或者村民代表会议同意参加选举的公民。已在户籍所在村或者居住村登记参加选举的村民,不得再参加其他地方村民委员会的选举。"由此可见,只要满足年满十八周岁,是本村村民,并且没有被剥夺政治权利,就有资格参加竞选。

31. 已在某村报名登记参与选举,还能在其他村报名登记参与选举吗?

我国《村委会组织法》第十三条规定了公民选举权的资格条件,其中一项是关于户籍的限定,一般情况下,户籍在本村的村民,都可以参加本村的选举,而对于户籍不在本村的村民,其选举权还有更多的限制。根据该法条的规定,户籍不在本村,在本村居住一年以上，本人申请参加选举，并且经村民会议或者村民代表会议同意参加选举的公民。而已在户籍所在村或者居住村登记参加选举的村民，不得再参加其他地方村民委员会的选举。也就是说，公民户籍是否在本村是是否享有本村选举资格的条件，但并非决定性因素，户籍不在本村的，只要同时符合在本村居住一年以上、本人申请参加选举、经村民会议或者村民代表会议同意这三个条件，也可获得选举资格。但是，为了保障村民自治的有序性，法律规定了选举资格的排他性，即每人只能在一个村子登记参加选举，不能同时在两个村登记参加选举。即使符合选举条件，也只能选择其中一个进行报名登记。

32. 某村村民对某村候选人名单质疑，该如何解决？

我国《村民委员会组织法》第十四条规定："登记参加选举的村民名单应当在选举日的二十日前由村民选举委员会公布。对登记参加选举的村民名单有异议的，应当自名单公布之日起五日内向村民选举委员会申诉，村民选举委员会应当自收到申诉之日起三日内作出处理决定，并公布处理结果。"据此可知，村民选举委员会公布登记参加选举的村民名单后，村民可以自行查看自己的选民资格以及其他人的选民资格，若有异议，可以及时向村民选举委员会申诉，申诉时间为自名单公布之日起五日内。村民选举委员会根据村民的申诉，进行审查处理，并公布处理结果。

33. 村民受到了候选人的暴力恐吓，该如何应对？

我国《村民委员会组织法》第十七条规定："以暴力、威胁、欺骗、贿赂、伪造选票、虚报选举票数等不正当手段当选村民委员会成员的，当选无效。对以暴力、威胁、欺骗、贿赂、伪造选票、虚报选举票数等不正当手段，妨害村民行使选举权、被选举权，破坏村民委员会选举的行为，村民有权向乡、民族乡、镇的人民代表大会和人民政府或者县级人民代表大会常务委员会和人民政府及其有关主管部门举报，由乡级或者县级人民政府负责调查并依法处理。"因此，村民在受到候选人的暴力恐吓时，应该坚决抵制，并及时向有关部门举报，交由法律来处理。而为了制止这一破坏选举的暴力行为，法律也明确规定候选人以暴力恐吓等不正当手段当选的，该选举无效。

34. 村民在选举村委会成员时遇到"贿选"情况，该如何应对？

我国农村选举中，"暴力威胁选举""贿选"等现象时有发生，对此，法律规定了相关的村民救济手段，以保障选举活动的正常进行。我国《村民委员会组织法》第十七条明确规定："以暴力、威胁、欺骗、贿赂、伪造选票、虚报选举票数等不正当手段当选村民委员会成员的，当选无效。对以暴力、威胁、欺骗、贿赂、伪造选票、虚报选举票数等不正当手段，妨害村民行使选举权、被选举权，破坏村民委员会选举的行为，村民有权向乡、民族乡、镇的人民代表大会和人民政府或者县级人民代表大会常务委员会和人民政府及其有关主管部门举报，由乡级或者县级人民政府负责调查并依法处理。"由此可见，若出现以不正当手段当选村委会成员的，因其手段不合法，当选归于无效。无论是在选举前还是在选举后，村民如果发现有威胁、贿赂、欺骗等不正当行为破坏村民委员会选举的，均可依法举报，以保障村民自治的合法有序开展。

35. 对村委会成员进行罢免的程序是什么？

罢免制度是村委会直接选举制度的一个组成部分，也是选民选举权的延伸和延续，是每个选民应有的权利。我国《村民委员会组织法》第十六条规定："本村五分之一以上有选举权的村民或者三分之一以上的村民代表联名，可以提出罢免村民委员会成员的要求，并说明要求罢免的理由。被提出罢免的村民委员会成员有权提出申辩意见。罢免村民委员会成员，须有登记参加选举的村民过半数投票，并须经投票的村民过半数通过。"可见，村民享有罢免村民委员会成员的权利，但需要联合本村五分之一以上有选举权的村民联名提出罢免请求，并需要说明罢免理由。最后履行罢免手续时，还必须要经过投票的村民过半数通过。

36. 村民会议的决定需达到多少票数才有效？

根据我国《村民委员会组织法》第二十二条规定，召开村民会议，应当有本村十八周岁以上村民的过半数，或者本村三分之二以上的户的代表参加，村民会议所作决定应当经到会人员的过半数通过。法律对召开村民会议及作出决定另有规定的，依照其规定。召开村民会议，根据需要可以邀请驻本村的企业、事业单位和群众组织派代表列席。

37. 我国法律对于设立村民代表会议是怎样规定的？

根据我国《村民委员会组织法》第二十五条的规定可知，人数较多或者居住分散的村，可以设立村民代表会议，讨论决定村民会议授权的事项。村民代表会议由村民委员会成员和村民代表组成，村民代表应当占村民代表会议组成人员的五分之四以上，妇女村民代表应当占村民代表会议组成人员的三分之一以上。村民代表由村民按每五户至十五户推选一人，或者由各村民小组推选若干人。村民代表的任期与村民委员会的任期相同。村民代表可以连选连任。村民代表应当向其推选户或者村民小组负责，接受村民监督。

38. 村务公开的内容包括哪些？

关于村务公开，根据我国《村民委员会组织法》第三十条的规定，村民委员会应当及时公布下列事项，接受村民的监督：

第一，《村民委员会组织法》第二十三条、第二十四条规定的由村民会议、村民代表会议讨论决定的事项及其实施情况。

《村民委员会组织法》第二十三条规定：村民会议审议村民委员会的年度工作报告，评议村民委员会成员的工作；有权撤销或者变更村民委员会不适当的决定；有权撤销或者变更村民代表会议不适当的决定。

村民会议可以授权村民代表会议审议村民委员会的年度工作报

告，评议村民委员会成员的工作，撤销或者变更村民委员会不适当的决定。

《村民委员会组织法》第二十四条规定：涉及村民利益的下列事项，经村民会议讨论决定方可办理：

（一）本村享受误工补贴的人员及补贴标准；

（二）从村集体经济所得收益的使用；

（三）本村公益事业的兴办和筹资筹劳方案及建设承包方案；

（四）土地承包经营方案；

（五）村集体经济项目的立项、承包方案；

（六）宅基地的使用方案；

（七）征地补偿费的使用、分配方案；

（八）以借贷、租赁或者其他方式处分村集体财产；

（九）村民会议认为应当由村民会议讨论决定的涉及村民利益的其他事项。

第二，国家计划生育政策的落实方案。

第三，政府拨付和接受社会捐赠的救灾救助、补贴补助等资金、物资的管理使用情况。

第四，村民委员会协助人民政府开展工作的情况。

第五，涉及本村村民利益，村民普遍关心的其他事项。

村务公开是村民行使决策权和监督权等权利的前提，实行村务公开制度不仅能保障村民的各项权利，也可以促进农村管理工作民主合法地开展，各地村民委员会应当及时公布相关事项内容，自觉主动接受村民的监督。

39. 村民委员会未公开村务内容，村民们该怎么办？

我国《村民委员会组织法》第三十一条规定："村民委员会不及时公布应当公布的事项或者公布的事项不真实的，村民有权向乡、民族乡、镇的人民政府或者县级人民政府及其有关主管部门反映，有关人民政府或者主管部门应当负责调查核实，责令依法公布；经查证确有违法行为的，有关人员应当依法承担责任。"据此可知，为保障村民的知情权和监督权，村委会负有及时公布相关事项的义务。公布的形式除了在村委会门前宣传栏张贴村务，各村还可根据自身情况结合其他公布方式。村民若发现存在应公布而未公布、公布不及时、公布内容不真实等情况的，可以依法向有关部门反映，以维护自身的合法权益。有关部门调查核实后，有权责令村委会及时依法公布。

40. 居委会作为基层组织，其任务有哪些？

根据我国《城市居民委员会组织法》第三条的规定可知，居民委员会的任务包括：（一）宣传宪法、法律、法规和国家的政策，维护居民的合法权益，教育居民履行依法应尽的义务，爱护公共财产，开展多种形式的社会主义精神文明建设活动；（二）办理本居住地区居民的公共事务和公益事业；（三）调解民间纠纷；（四）协助维护社会治安；（五）协助人民政府或者它的派出机关做好与居民利益有关的公共卫生、计划生育、优抚救济、青少年教育等项工作；（六）向人民政府或者它的派出机关反映居民的意见、要求和提出建议。这些工作任务中，既有协助政府部门的管理性质的工作，也有便民的服务性质的工作，体现了居民委员会的重要性与其参与社会治理的广泛性，也符合当前我国社会治理的多方联动性。

41. 居委会委员是如何产生的？

居民委员会是居民自我管理、自我教育、自我服务的基层群众性自治组织，也是党和政府联系人民群众的桥梁和纽带之一，其对民主管理和现代化治理具有重要的基础意义。我国《城市居民委员会组织法》第八条第一款规定："居民委员会主任、副主任和委员，由本居住地区全体有选举权的居民或者由每户派代表选举产生；根据居民意见，也可以由每个居民小组选举代表二至三人选举产生。居民委员会每届任期五年，其成员可以连选连任。"由于居民委员会委员代表居民行使表决权利，事关居民的切身利益，因此应当由居民通过选举，亲自选出其认为应当信赖的"代表"，代自己行使权利。按照相关法律的规定，居委会委员通过由本居住地区全体有选举权的居民或者由每户派代表民主选举的方式产生。

42. 满足什么要求才可以召开居民会议？谁有权召集会议？

社区居民会议是社区居民依法行使民主管理权力的组织形式，有助于居民践行民主组织制度、民主决策制度，是居民实行自治的决策机构。对于与本社区利益相关的事务，居民可以通过社区居民会议进行讨论、决策。我国《城市居民委员会组织法》第九条第三款规定:"居民会议必须有全体十八周岁以上的居民、户的代表或者居民小组选举的代表的过半数出席,才能举行。会议的决定,由出席人的过半数通过。"同时,该法第十条第二款规定:"居民会议由居民委员会召集和主持。由五分之一以上的十八周岁以上的居民、五分之一以上的户或者三分之一以上的居民小组提议,应当召集居民会议。涉及全体居民利益的重要问题,居民委员会必须提请居民会议讨论决定。"由此可见,居民若想召开居民会议,必须满足"全体十八周岁以上的居民、户的代表或者居民小组选举的代表的过半数出席"的硬性条件才能召开。而且,居民会议应由居民委员会召集,倘若有五分之一以上的十八周岁以上的居民、五分之一以上的户或者三分之一以上的居民小组提议召开居民会议,则居民委员必须召集。

43. 居委会有自行制定居民公约的权利吗?

社区居民公约是实现居民自我管理、自我服务、自我约束的行为准则,一旦生效,则在社区范围内对全体居民具有约束效力。根据我国《城市居民委员会组织法》第十五条的规定,居民公约由居民会议讨论制定,报不设区的市、市辖区的人民政府或者它的派出机关备案,由居民委员会监督执行。居民应当遵守居民会议的决议和居民公约。居民公约的内容不得与宪法、法律、法规和国家的政策相抵触。也就是说,居委会没有自行制定居民公约的权利,居民公约必须经过居民会议讨论制定,体现民主性,并且必须遵守宪法、法律的相关规定。

第二章 民事法律问答

一、婚姻家庭

44. "离婚冷静期"届满,未申领离婚证的,一般会如何处理?

我国《民法典》第一千零七十七条规定:"自婚姻登记机关收到离婚登记申请之日起三十日内,任何一方不愿意离婚的,可以向婚姻登记机关撤回离婚登记申请。前款规定期限届满后三十日内,双方应当亲自到婚姻登记机关申请发给离婚证;未申请的,视为撤回离婚登记申请。"

上述法律条文中规定的"自婚姻登记机关收到离婚登记申请之日起的三十日"即为离婚冷静期,在离婚冷静期内,任何一方都可以向婚姻登记部门申请撤回离婚申请。该期限届满后,双方再到婚姻登记部门申请发给离婚证,如该期限届满后三十日内不申请的,按照撤回离婚登记申请处理。

45. 因胁迫结婚的,是否能请求撤销?

婚姻自由是宪法赋予公民的基本权利,也是民法典婚姻编的基本原则之一。我国《民法典》第一千零五十二条规定:"因胁迫结婚的,受胁迫的一方可以向人民法院请求撤销婚姻。请求撤销婚姻的,应当自胁迫行为终止之日起一年内提出。被非法限制人身自由的当事人请求撤销婚姻的,应当自恢复人身自由之日起一年内提出。"由此可见,因胁迫结婚的,可以向法院请求撤销。但是,需要注意的是,该请求有一定的时效限制,被限制人身自由的,自恢复人身自由之日起一年内提出;未被限制人身自由的,自胁迫行为终止之日起一年内提出。

46. 隐瞒患有重大疾病而结婚的,婚后另一方能否申请撤销婚姻?

我国《民法典》第一千零五十三条规定:"一方患有重大疾病的,应当在结婚登记前如实告知另一方;不如实告知的,另一方可以向人民法院请求撤销婚姻。请求撤销婚姻的,应当自知道或者应当知道撤销事由之日起一年内提出。"由此可见,一方隐瞒患有重大疾病,未告知对方而直接结婚的,另一方可以在知道或者应当知道该事由后一年内向法院申请撤销婚姻。

47. 已经在老家办酒席,但是双方未到法定结婚年龄的,该婚姻有效吗?

我国《民法典》第一千零四十七条规定:"结婚年龄,男不得早于二十二周岁，女不得早于二十周岁。"第一千零四十八条规定："直系血亲或者三代以内的旁系血亲禁止结婚。"第一千零五十一条规定："有下列情形之一的，婚姻无效：（一）重婚；（二）有禁止结婚的亲属关系；（三）未到法定婚龄。"由此可见，我国的法定结婚年龄为男不得早于二十二周岁，女不得早于二十周岁，未到法定婚龄，即使举行了婚礼、办酒席等活动，该婚姻也是无效的。

48. 夫妻离婚时，男方还能把婚前送出的"彩礼"要回来吗？

彩礼，从法律角度而言，应该是一种赠与，但是这种赠与有其特殊之处，因为其并非单纯以无偿转移财产为目的，而是以将来婚姻的缔结为附加条件。对于夫妻离婚时彩礼能否要回的问题，《最高人民法院关于适用〈中华人民共和国民法典〉婚姻家庭编的解释（一）》第五条规定："当事人请求返还按照习俗给付的彩礼的，如果查明属于以下情形，人民法院应当予以支持：（一）双方未办理结婚登记手续；（二）双方办理结婚登记手续但确未共同生活；（三）婚前给付并导致给付人生活困难的。适用前款第二项、第三项的规定，应当以双方离婚为条件。"也就是说，属于上述三种情形之一的，男方可以要回彩礼。

49. 婚姻关系存续期间投资股票的收益，是不是夫妻共同财产？

我国《民法典》第一千零六十二条规定："夫妻在婚姻关系存续期间所得的下列财产，为夫妻的共同财产，归夫妻共同所有：（一）工资、奖金、劳务报酬；（二）生产、经营、投资的收益；

（三）知识产权的收益；（四）继承或者受赠的财产，但是本法第一千零六十三条第三项规定的除外；（五）其他应当归共同所有的财产。夫妻对共同财产，有平等的处理权。"婚姻关系存续期间投资股票所得的收益，在性质上属于生产、经营、投资的收益，所以应按照夫妻共同财产对待。

50. 妻子为日常生活需要而支出钱款，丈夫能否以不知情为由拒绝承担该钱款产生的债务？

我国《民法典》第一千零六十四条规定："夫妻双方共同签名或者夫妻一方事后追认等共同意思表示所负的债务，以及夫妻一方在婚姻关系存续期间以个人名义为家庭日常生活需要所负的债务，属于夫妻共同债务。夫妻一方在婚姻关系存续期间以个人名义超出家庭日常生活需要所负的债务，不属于夫妻共同债务；但是，债权人能够证明该债务用于夫妻共同生活、共同生产经营或者基于夫妻双方共同意思表示的除外。"由此可见，在婚姻关系存续期间，夫妻任何一方为了家庭生活的需要而负的债务，为夫妻共同债务，另一方不得以不知情等其他理由拒绝承担该债务。

51. 房屋是在子女婚后一方父母为子女全款所买的，且登记在该方名下，离婚时可以作为共同财产进行分割吗？

我国《最高人民法院关于适用〈中华人民共和国民法典〉婚姻家庭编的解释（一）》第三十一条规定："民法典第一千零六十三条规定为夫妻一方的个人财产，不因婚姻关系的延续而转化为夫妻共同财产。但当事人另有约定的除外。"同时，按照民法典第一千零六十三条第（三）项的规定，婚后由一方父母出资为子女购买的不动产，产权登记在出资人子女名下的，视为只对自己子女一方的赠与，该不动产应认定为夫妻一方的个人财产。由双方父母出资购买的不动产，产权登记在一方子女名下的，该不动产可认定为双方按照各自父母的出资份额按份共有，但当事人另有约定的除外。由此可见，虽然该房屋是在夫妻婚后购买的，但房屋产权登记在出资人子女名下，应视为只对出资人自己子女一方的赠与，该不动产应认定为夫妻一方的个人财产，离婚时不能作为夫妻共同财产来分割。

52. 妻子对瘫痪丈夫有扶养义务吗？

我国《民法典》第一千零五十九条规定："夫妻有相互扶养的义务。需要扶养的一方，在另一方不履行扶养义务时，有要求其给付扶养费的权利。"据此可知，夫妻双方有相互扶养的法定义务。此外，《刑法》第二百六十一条规定："对于年老、年幼、患病或者其他没有独立生活能力的人，负有扶养义务而拒绝扶养，情节恶劣的，处五年以下有期徒刑、拘役或者管制。"也就是说，夫妻双方不仅有相互抚养义务，而且如果夫或妻一方患病或者没有独立生活能力，有扶养义务的配偶如果拒绝扶养，情节恶劣的，构成遗弃罪的，还应当承担刑事责任。

53. 男方能因女方怀孕期间性格大变而提出离婚吗？

女性怀孕在引起身体变化的同时，也会引起心理的变化，其表现出情绪上的波动属正常反应。为了保护妇女的合法权益，我国《民法典》第一千零八十二条规定："女方在怀孕期间、分娩后一年内或者终止妊娠后六个月内，男方不得提出离婚；但是，女方提出离婚或者人民法院认为确有必要受理男方离婚请求的除外。"也就是说，男方不能因女方怀孕期间性格大变而提出离婚，而应对女性更加关心和爱护。

54. 对亲子关系存在异议的，哪些人可以向人民法院提起诉讼？

我国《民法典》第一千零七十三条规定："对亲子关系有异议且有正当理由的，父或者母可以向人民法院提起诉讼，请求确认或者否认亲子关系。对亲子关系有异议且有正当理由的，成年子女可以向人民法院提起诉讼，请求确认亲子关系。"由此可见，对亲子关系存在异议并且有正当理由的，父母中的任何一方或者成年子女可以向法院提起诉讼。

55. 生父是否需要负担"私生子"的抚养费？

我国《民法典》第一千零七十一条规定："非婚生子女享有与婚生子女同等的权利，任何组织或者个人不得加以危害和歧视。不直接抚养非婚生子女的生父或者生母，应当负担未成年子女或者不能独立生活的成年子女的抚养费。"由此可见，非婚生子女与婚生子女在法律上享有同等的权利，不存在身份上的差别，生父需要对私生子承担抚养义务，不直接抚养的需要负担抚养费。

56. 父母离婚后，子女能否干涉父母另找配偶？

我国《民法典》第一千零六十九条规定："子女应当尊重父母的婚姻权利，不得干涉父母离婚、再婚以及婚后的生活。子女对父母的赡养义务，不因父母的婚姻关系变化而终止。"由此可见，父母享有婚姻自由的权利，子女应尊重父母的选择，尽责任赡养年迈父母。对于父母婚姻关系结束的，子女不能干涉单身父母再婚、和谁再婚，这都是父母的婚姻权利。

57. 成年的孙子女、外孙子女对祖父母、外祖父母有赡养义务吗？

我国《民法典》第一千零七十四条第二款规定："有负担能力的孙子女、外孙子女，对于子女已经死亡或者子女无力赡养的祖父母、外祖父母，有赡养的义务。"可见，孙子女、外孙子女对祖父母、外祖父母有一定的赡养义务，但承担赡养义务须具备两个条件：第一，孙子女、外孙子女须有负担能力；第二，祖父母、外祖父母的子女已经死亡或者子女无力赡养。

58. 养父母虐待子女的，生父母要求解除收养关系后，是否需要补偿抚养费？

我国《民法典》第一千一百一十八条第二款规定："生父母要求解除收养关系的，养父母可以要求生父母适当补偿收养期间支出的抚养费；但是，因养父母虐待、遗弃养子女而解除收养关系的除外。"由此可见，收养关系存续期间，养父母虐待子女，生父母要求解除收养关系后,不需要补偿该期间的抚养费,养父母也无权要求生父母适当补偿。

59. 曾因强制猥亵儿童受到处罚的,能否申请收养孩子?

我国《民法典》第一千零九十八条规定:"收养人应当同时具备下列条件:(一)无子女或者只有一名子女;(二)有抚养、教育和保护被收养人的能力;(三)未患有在医学上认为不应当收养子女的疾病;(四)无不利于被收养人健康成长的违法犯罪记录;(五)年满三十周岁。"该法第一千一百条规定:"无子女的收养人可以收养两名子女;有子女的收养人只能收养一名子女。收养孤儿、残疾未成年人或者儿童福利机构抚养的查找不到生父母的未成年人,可以不受前款和本法第一千零九十八条第一项规定的限制。"由此可见,曾因强制猥亵儿童受到处罚的收养人,存在不利于被收养人健康成长的违法犯罪记录,不能申请收养孩子。

60. 无配偶者收养孩子的,是否要求其与孩子之间有年龄差?

我国《民法典》第一千一百零二条规定:"无配偶者收养异性子女的,收养人与被收养人的年龄应当相差四十周岁以上。"由此可见,对于无配偶者收养异性孩子的情况,我国法律明确规定了收养人与被收养人之间年龄差为四十周岁以上,但是,对于收养同性孩子的,并无明确的年龄差限制。不过,实际中还需要对收养者的生活水平、生活能力等综合考虑,从保护被收养人的角度出发,建立良好的收养关系。

二、继承

61. 侄女对小叔的遗产有继承权吗？

我国《民法典》第一千一百二十七条第一款规定："遗产按照下列顺序继承：（一）第一顺序：配偶、子女、父母；（二）第二顺序：兄弟姐妹、祖父母、外祖父母。"该条第二款规定："继承开始后，由第一顺序继承人继承，第二顺序继承人不继承；没有第一顺序继承人继承的，由第二顺序继承人继承。"同时，该法第一千一百二十八条第一款还规定："被继承人的子女先于被继承人死亡的，由被继承人的子女的直系晚辈血亲代位继承。"该条第二款规定："被继承人的兄弟姐妹先于被继承人死亡的，由被继承人的兄弟姐妹的子女代位继承。"由此可见，遗产应当按照一定的顺序继承，被继承人没有子女、配偶、父母或者以上继承人放弃继承的情况下，才会由第二顺序的兄弟姐妹、祖父母、外祖父母继承遗产。同时，如果被继承人的兄弟姐妹先于被继承人死亡的，由被继承人的兄弟姐妹的子女代位继承。因此，侄女对小叔的遗产是否有继承权，要看小叔是否存在第一顺序的继承人，即小叔的配偶、子女、父母，如果没有，侄女的父亲又先于小叔去世的，那么，侄女有继承权。

62. 立遗嘱人可以通过遗嘱方式将遗产赠与国家吗?

我国《民法典》第一千一百三十三条第三款规定:"自然人可以立遗嘱将个人财产赠与国家、集体或者法定继承人以外的组织、个人。"由此可见,法律是充分尊重我们行为自由的。作为公民,我们可以按照自己的意愿处分自己的财产,如果不想将财产留给法定继承人继承,可以通过立遗嘱的方式将财产赠与国家、集体或者法定继承人以外的组织、个人。但需要注意的是,立遗嘱人所立的遗嘱形式上应当符合法律的规定,否则,遗嘱将不能发挥其应有的效力。

63. 继子女能继承遗产吗?

我国《民法典》第一千一百二十七条第三款明确规定,法定继承中所指的子女,包括婚生子女、非婚生子女、养子女和有扶养关系的继子女。也就是说,有扶养关系的继子女与继父母之间形成了法律上的拟制血亲关系,因此,继子女也能像婚生子女一样继承被继承人的遗产,成为被继承人的法定继承人。

64. 什么是遗嘱信托?

所谓遗嘱信托,就是委托人通过立遗嘱,将自己的财产交付给信托机构处理,信托机构根据委托人的意愿,为照顾特定的受益人而进行财产规划,管理和处分信托财产。通过遗嘱信托,不仅可以将财产留给继承人,通过遗嘱执行人的理财能力弥补继承人无力理财的缺陷，还可以减少因遗产产生的纷争。我国《民法典》第一千一百三十三条第四款也明确规定："自然人可以依法设立遗嘱信托。"也就是说，如果立遗嘱人希望能避免继承人因为遗产产生纷争，可以通过遗嘱信托的形式，选择行业声誉较好的信托机构，在自己去世后，将财产交由机构处理，使儿女们将来的生活更有保障。

65. 满足什么条件时，以打印方式订立的遗嘱才有效？

我国《民法典》第一千一百三十六条规定："打印遗嘱应当有两个以上见证人在场见证。遗嘱人和见证人应当在遗嘱每一页签名，注明年、月、日。"据此可知，立遗嘱人如果希望通过打印的方式订立遗嘱的，不仅需要有两个以上的见证人在场见证，在遗嘱打印完成后，见证人和立遗嘱人还应当在遗嘱的每一页上签名，并注明年、月、日，这份打印的遗嘱才具有效力。

66. 以录视频形式立遗嘱的，需满足什么条件？

随着我国经济的快速发展，人们的生活方式也在不断变化，我国民法典也紧跟时代的步伐，在继承编中明确规定可以通过录音录像的方式订立遗嘱。同时，录音录像的遗嘱也应当符合法定的形式。《民法典》第一千一百三十七条规定："以录音录像形式立的遗嘱，应当有两个以上见证人在场见证。遗嘱人和见证人应当在录音录像中记录其姓名或者肖像，以及年、月、日。"由此可见，如果立遗嘱人希望通过录视频的方式订立遗嘱，需要至少找到两个见证人。

同时，在视频中，还应当记录立遗嘱人和见证人的姓名或者肖像和日期，这样，这份视频遗嘱才具有法律效力。

67. 保险金能作为遗产被继承吗？

保险分为人身保险和财产保险。在是否将保险作为遗产继承的问题上，要区别对待。财产保险可以作为遗产被继承，但人身保险的认定就比较复杂。人身保险通常会涉及受益人的问题，根据我国《保险法》第四十二条的规定：被保险人死亡后，有下列情形之一的，保险金作为被保险人的遗产，由保险人依照《中华人民共和国继承法》[①]的规定履行给付保险金的义务：（一）没有指定受益人，或者受益人指定不明无法确定的；（二）受益人先于被保险人死亡，没有其他受益人的；（三）受益人依法丧失受益权或者放弃受益权，没有其他受益人的。也就是说，如果人身保险指定了受益人，则被保险人死亡后，保险金应支付给受益人；如果没有指定受益人，则保险金应作为遗产被继承人继承。

68. 监狱服刑人员有权继承遗产吗？

我国《民法典》第一千一百二十五条规定："继承人有下列行为之一的，丧失继承权：（一）故意杀害被继承人；（二）为争夺遗产而杀害其他继承人；（三）遗弃被继承人，或者虐待被继承人情节严重；（四）伪造、篡改、隐匿或者销毁遗嘱，情节严重；（五）以欺诈、胁迫手段迫使或者妨碍被继承人设立、变更或者撤

---

① 现为《中华人民共和国民法典》继承编。

回遗嘱,情节严重。继承人有前款第三项至第五项行为,确有悔改表现,被继承人表示宽恕或者事后在遗嘱中将其列为继承人的,该继承人不丧失继承权。受遗赠人有本条第一款规定行为的,丧失受遗赠权。"法律以列举的方式具体规定了丧失继承权的五种情形,只有继承人的行为属于这五种情形时,继承人才依法丧失继承权。并且,如果存在法定的可以被宽恕的情形,也可以不丧失继承权。

在监狱服刑人员或劳教人员的人身权利虽然受到了一定的限制,但是法律并没有剥夺他们的其他正当权益,比如继承权、婚姻自主权等,他们的这些权利仍然受法律的保护。对于继承人是否丧失继承权,法律也有明确的规定,与他们是否服刑或劳教无关。

69. 继承人以外的人能否以主动赡养孤寡老人为由而要求分得遗产?

我国《民法典》第一千一百三十一条规定:"对继承人以外的依靠被继承人扶养的人,或者继承人以外的对被继承人扶养较多的人,可以分给适当的遗产。"由此可见,继承人以外的人主要赡养老人的,可以适当分得遗产。对被继承人尽了主要赡养义务的继承人以外的人,使他们适当分得遗产,一方面是弘扬社会正气,一方面可以告诫子女要更好地履行赡养义务。

70. 私生子是否享有遗产继承权?

我们生活中所说的"私生子"就是非婚生子女。所谓非婚生子女,是指没有婚姻关系的男女所生育的子女。包括男女双方未婚所生的子女或者已有婚姻关系的男或者女与婚姻关系以外的第三人发生性行为致孕所生的子女。根据我国《民法典》第一千零七十一条第一款的规定，非婚生子女与婚生子女享有同等的权利，这里所说的"同等的权利"，包括继承权。该法第一千一百二十七条对此进行了进一步的明确规定，《民法典》继承编上的子女包括婚生子女、非婚生子女、养子女和有扶养关系的继子女。可见，非婚生子女和婚生子女一样，与生父母有直接的血缘关系，所以法律会一视同仁，保证他们的法律地位平等，对他们的合法权益均加以保护。可以肯定地说，私生子享有遗产继承权。

71. 立遗嘱人立遗嘱时，可以排除法定继承人的继承权吗？

遗嘱只要是在法律允许的范围内，按照法律规定的方式对其遗产或其他事务做出的处分，法律就应该予以尊重。对于立遗嘱人立遗嘱时，是否可以排除法定继承人的继承权这一问题，我国《民法典》第一千一百二十三条做出了明确规定，继承开始后，如果有遗嘱，按照遗嘱规定的继承。即使遗嘱没有给法定继承人留下遗产，也仍然是有效的遗嘱，即遗嘱可以排除法定继承人的继承权。但是，《民法典》第一千一百四十一条又规定，遗嘱应当为缺乏劳动能力又没有生活来源的继承人保留必要的遗产份额。也就是说，遗嘱在排除法定继承人的继承权时，也要特别注意对缺乏劳动能力又没有生活来源的继承人的保护。

72. 遗赠扶养协议和遗嘱同时存在时,哪个优先?

我国《民法典》第一千一百二十三条规定:"继承开始后,按照法定继承办理;有遗嘱的,按照遗嘱继承或者遗赠办理;有遗赠扶养协议的,按照协议办理。"据此可知,继承开始后,遗赠扶养协议的效力优先于遗嘱继承和法定继承。也就是说,被继承人生前与他人订有遗赠扶养协议,同时又立有遗嘱的,继承开始后,如果遗赠扶养协议与遗嘱没有抵触,遗产分别按协议和遗嘱处理;如果有抵触,按协议处理,与协议抵触的遗嘱全部或部分无效。因此,遗赠扶养协议和遗嘱同时存在时,遗赠抚养协议优先。

73. 胎儿有资格继承遗产吗?

尽管我国《民法典》第十三条规定,自然人的民事权利能力始于出生,即孩子自出生时起,才是一个"人",才享有权利,履行义务。但是,考虑到孩子出生后的抚养、教育问题,为胎儿保留遗产继承份额是十分必要的。对此,我国《民法典》第十六条特别规定:"涉及遗产继承、接受赠与等胎儿利益保护的,胎儿视为具有民事权利能力。但是,胎儿娩出时为死体的,其民事权利能力自始不存在。"同时该法第一千一百五十五条规定:"遗产分割时,应当保留胎儿的继承份额。胎儿娩出时是死体的,保留的份额按照法定继承办理。"据此可知,为保护胎儿的利益,在涉及遗产继承、接受赠与等事项时,尽管胎儿尚未出生,也视其具有民事权利能力,在遗产分割时,应保留胎儿的继承份额。因此,胎儿有资格继承遗产。

74. 遗产和债务一定要同时继承吗?

我国《民法典》第一千一百六十一条第一款规定:"继承人以所得遗产实际价值为限清偿被继承人依法应当缴纳的税款和债务。超过遗产实际价值部分,继承人自愿偿还的不在此限。"在法律中,权利与义务是相辅相成的,人们在享受相应权利的同时,也要履行特定的法律义务。继承遗产是继承人的权利,与该权利对应的义务就是清偿被继承人的债务。因此,如果继承人继承了遗产,也就要在遗产范围内偿还被继承人所负的债务。

75. 满足什么条件,口头遗嘱属于有效遗嘱?

根据我国《民法典》第一千一百三十八条的规定,遗嘱人在危急情况下,可以立口头遗嘱。口头遗嘱应当有两个以上见证人在场见证。危急情况消除后,遗嘱人能够以书面或者录音录像形式立遗嘱的,所立的口头遗嘱无效。也就是说,法律是承认口头遗嘱的效力的,由于口头遗嘱具有易变性、不易保存等缺点,法律对其生效的条件做出了限制性规定。此外,如果立遗嘱人转危为安,能够以书面或者录音录像形式立遗嘱的,之前所立的口头遗嘱则失去了效力。

76. 出现两份以上遗嘱且内容相抵触时,怎么办?

我国《民法典》第一千一百四十二条第三款规定:"立有数份遗嘱,内容相抵触的,以最后的遗嘱为准。"也就是说,如果遗嘱人生前立有两份以上内容相冲突的遗嘱，以最后的遗嘱为准。

77. 可以通过哪些方式产生遗产管理人？

我国《民法典》在编纂过程中，新引入"遗产管理人"，由遗产管理人负责在继承开始后清理遗产、处理债权债务，分配遗产。根据《民法典》第一千一百四十五条的规定，继承开始后，遗嘱执行人为遗产管理人；没有遗嘱执行人的，继承人应当及时推选遗产管理人；继承人未推选的，由继承人共同担任遗产管理人；没有继承人或者继承人均放弃继承的，由被继承人生前住所地的民政部门或者村民委员会担任遗产管理人。同时，该法第一千一百四十六条规定："对遗产管理人的确定有争议的，利害关系人可以向人民法院申请指定遗产管理人。"

78. 在我国法律中，遗产管理人应当履行哪些职责？

根据《民法典》第一千一百四十七条的规定可知，遗产管理人的职责有：（一）清理遗产并制作遗产清单；（二）向继承人报告遗产情况；（三）采取必要措施防止遗产毁损、灭失；（四）处理被继承人的债权债务；（五）按照遗嘱或者依照法律规定分割遗产；（六）实施与管理遗产有关的其他必要行为。并且，遗产管理人要尽职尽责，不能因故意或者重大过失给继承人、受遗赠人、债权人造成损害，否则，要承担相应的民事责任。

这里需要注意的是，继承开始后由遗产管理人负责清理遗产、处理债权债务，分配遗产，能够很大程度地避免纠纷、保证公正。

公民在选择遗产管理人时，一定要选择可靠的人士。同时，我们如做遗产管理人，也应依法履职。

79. 受遗赠人可以是遗嘱见证人吗？

为了让遗嘱更具有信服力，避免被继承人死亡后出现纠纷，我国《民法典》第一千一百四十条禁止特定的人员作为遗嘱的见证人，主要有：（一）无民事行为能力人、限制民事行为能力人以及其他不具有见证能力的人；（二）继承人、受遗赠人；（三）与继承人、受遗赠人有利害关系的人。由此可见，受赠遗人不可以是遗嘱见证人。

三、人格权

80. 公民获得的荣誉能否有偿转让给他人？

我国《民法典》第九百九十条规定："人格权是民事主体享有的生命权、身体权、健康权、姓名权、名称权、肖像权、名誉权、荣誉权、隐私权等权利。除前款规定的人格权外，自然人享有基于人身自由、人格尊严产生的其他人格权益"。该法第九百九十一条规定："民事主体的人格权受法律保护，任何组织或者个人不得侵害。"同时，该法第九百九十二条还明文规定："人格权不得放弃、转让或者继承"。由此可见，公民获得的荣誉是该公民享有的荣誉权，其本质上属于人格权，是公民独享的个人权利，其在获得上具有人身专属性，任何组织和个人不得侵害，拥有该荣誉权的人也不得任意有偿或者无偿转让。

81. 教师对学生性骚扰的，受害学生如何保护自己的权益？

我国《民法典》第一千零一十条规定："违背他人意愿，以言语、文字、图像、肢体行为等方式对他人实施性骚扰的，受害人有权依法请求行为人承担民事责任。机关、企业、学校等单位应当采取合理的预防、受理投诉、调查处置等措施，防止和制止利用职权、从属关系等实施性骚扰。"对于上述条文中的"民事责任"，该法第九百九十五条规定："人格权受到侵害的，受害人有权依照本法和其他法律的规定请求行为人承担民事责任。受害人的停止侵害、排除妨碍、消除危险、消除影响、恢复名誉、赔礼道歉请求权，不适用诉讼时效的规定。"由此可见，受害学生在面对教师性骚扰时，可以向学校投诉，由学校给予该教师处罚；还可以直接向法院起诉，请求该教师承担相应的民事责任，比如停止实施类似行为、赔礼道歉等。此外，受害学生要求该教师停止侵害、消除危险等请求权的行使不受诉讼时效的影响。

82. 家长能否为了个性，任意给孩子更改姓氏？

我国《民法典》第一千零一十五条规定："自然人应当随父姓或者母姓，但是有下列情形之一的，可以在父姓和母姓之外选取姓氏：（一）选取其他直系长辈血亲的姓氏；（二）因由法定扶养人以外的人扶养而选取扶养人姓氏；（三）有不违背公序良俗的其他正当理由。少数民族自然人的姓氏可以遵从本民族的文化传统和风俗习惯。"由此可见，家长更改孩子姓氏是有限制的，不能为了个性任意更改。孩子姓氏的选择，原则上应当随父姓或者母姓，也可以选择其他直系长辈的姓氏或者抚养人的姓氏。除此之外，在姓氏的选择和姓名的选择上，还要遵守公序良俗，不得有悖于社会风俗。

83. 报社为进行新闻报道，将他人的照片印在周刊上的，是否需要经过肖像权人的同意？

我国《民法典》第一千零二十条规定："合理实施下列行为的，可以不经肖像权人同意：（一）为个人学习、艺术欣赏、课堂教学或者科学研究，在必要范围内使用肖像权人已经公开的肖像；（二）为实施新闻报道，不可避免地制作、使用、公开肖像权人的肖像；（三）为依法履行职责，国家机关在必要范围内制作、使用、公开肖像权人的肖像；（四）为展示特定公共环境，不可避免地制作、使用、公开肖像权人的肖像；（五）为维护公共利益或者肖像权人合法权益，制作、使用、公开肖像权人的肖像的其他行为。"由此可见，为进行新闻报道，报社将他人照片印在周刊上的，该行为属于正常的、在合理范围内对肖像权的使用，不构成对肖像权人的侵害，不需要经过肖像权人的同意。

84. 肖像许可使用合同期内，当事人解除该合同有什么限制？

根据我国《民法典》第一千零二十二条的规定，当事人可以就肖像使用进行合同约定，如果当事人对肖像许可使用期限没有约定或者约定不明确，任何一方当事人都可以随时解除肖像许可使用合同，但是应当在合理期限之前通知对方。即使当事人对肖像许可使用期限有明确的约定，但肖像权人有正当理由的，也可以解除肖像许可使用合同，并应当在合理期限之前通知对方。因解除合同造成对方损失的，除肖像权人无过错外，解除合同的一方应当赔偿对方损失。由此可见，要解除肖像许可合同，首先看双方对于肖像许可使用的期限有无明确约定。如果未约定使用期限或者约定不明确，在合理期限之前履行通知义务后，任何一方都可以随时解除；如果约定了使用期限，原则上肖像权人不能随意解除，但是有正当理由且履行通知义务后，可以解除肖像许可合同。此外，因解除合同造成对方损失的，除肖像权人无过错外，解除合同的一方应当赔偿对方损失。

85. 新闻网站在实施监督行为时，为了吸引眼球，恶意歪曲事实获得浏览量的，是否需要承担民事责任？

我国《民法典》第一千零二十五条规定："行为人为公共利益实施新闻报道、舆论监督等行为，影响他人名誉的，不承担民事责任，但是有下列情形之一的除外：（一）捏造、歪曲事实；（二）对他人提供的严重失实内容未尽到合理核实义务；（三）使用侮辱性言辞等贬损他人名誉。"此外，该法第一千零二十六条还规定："认定行为人是否尽到前条第二项规定的合理核实义务，应当考虑下列因素：（一）内容来源的可信度；（二）对明显可能引发争议的内容是否进行了必要的调查；（三）内容的时限性；（四）内容与公序良俗的关联性；（五）受害人名誉受贬损的可能性；（六）核实能力和核实成本。"同时，该法第九百九十五条规定："人格权受到侵害的，受害人有权依照本法和其他法律的规定请求行为人承担民事责任。受害人的停止侵害、排除妨碍、消除危险、消除影响、恢复名誉、赔礼道歉请求权，不适用诉讼时效的规定。"由此可见，新闻网站在实施监督行为时，影响到他人名誉的，其行为本身不需要承担民事责任。但是，为了吸引眼球，恶意歪曲事实，增加浏览量的，属于侵害他人名誉权的行为，被侵权人可以请求侵权人停止侵害、消除影响、赔礼道歉等。

86. 电影情节以特定人为对象，为了增加滑稽效果而添加侮辱、贬低名誉内容的，能否以艺术自由不受干涉为名主张免责？

我国《民法典》第一千零二十七条规定："行为人发表的文学、艺术作品以真人真事或者特定人为描述对象，含有侮辱、诽谤内容，侵害他人名誉权的，受害人有权依法请求该行为人承担民事责任。行为人发表的文学、艺术作品不以特定人为描述对象，仅其中的情节与该特定人的情况相似的，不承担民事责任。"此外，该法第九百九十五条规定："人格权受到侵害的，受害人有权依照本法和其他法律的规定请求行为人承担民事责任。受害人的停止侵害、排除妨碍、消除危险、消除影响、恢复名誉、赔礼道歉请求权，不适用诉讼时效的规定。"由此可见，电影情节以特定人为描述对象时，即使为了滑稽和演出效果，也不得带有侮辱、诽谤等内容。因为以特定人为对象时，观众会产生联想，会影响到他人的名誉，这不是艺术自由，而是侵害他人名誉权的行为。

87. 在租客房间内安装摄像头及话筒的，属于侵犯隐私权吗？

我国《民法典》第一千零三十二条规定："自然人享有隐私权。任何组织或者个人不得以刺探、侵扰、泄露、公开等方式侵害他人的隐私权。隐私是自然人的私人生活安宁和不愿为他人知晓的私密空间、私密活动、私密信息。"此外，该法第一千零三十三条还规定："除法律另有规定或者权利人明确同意外，任何组织或者个人不得实施下列行为：（一）以电话、短信、即时通讯工具、电子邮件、传单等方式侵扰他人的私人生活安宁；（二）进入、拍摄、窥视他人的住宅、宾馆房间等私密空间；（三）拍摄、窥视、窃听、公开他人的私密活动；（四）拍摄、窥视他人身体的私密部位；（五）处理他人的私密信息；（六）以其他方式侵害他人的隐私权。"由此可见，在租客房间安装摄像头及话筒，属于侵犯他人私人生活安宁、侵扰他人私生活的行为，未经他人同意，利用设备进行偷窥、偷听、偷录的行为已经侵犯到了他人的隐私权，需要承担相应的民事责任。

88. 利用软件收集他人行踪信息的,是否属于侵犯个人信息,该如何保护?

我国《民法典》第一千零三十四条规定:"自然人的个人信息受法律保护。个人信息是以电子或者其他方式记录的能够单独或者与其他信息结合识别特定自然人的各种信息,包括自然人的姓名、出生日期、身份证件号码、生物识别信息、住址、电话号码、电子邮箱、健康信息、行踪信息等。个人信息中的私密信息,适用有关隐私权的规定;没有规定的,适用有关个人信息保护的规定。"关于隐私权,该法第一千零三十二条规定,"自然人享有隐私权。任何组织或者个人不得以刺探、侵扰、泄露、公开等方式侵害他人的隐私权。隐私是自然人的私人生活安宁和不愿为他人知晓的私密空间、私密活动、私密信息。"由此可见,法律保护自然人的个人信息不受侵犯,利用软件收集他人行踪信息,属于侵犯他人个人信息的行为,依法应承担相应的法律责任。另外还可以从隐私权的角度考虑,行踪信息属于公民的私密信息、私密活动,利用软件恶意收集、刺探的,属于侵犯公民隐私权的情形。当事人遇到该种情况,可以截屏保留相关证据,向当地派出所报案,或者向人民法院起诉其侵犯个人信息权和隐私权。

89. 处理个人信息时需要遵循什么规则?

我国《民法典》第一千零三十五条规定:"处理个人信息的,应当遵循合法、正当、必要原则,不得过度处理,并符合下列条件:

（一）征得该自然人或者其监护人同意，但是法律、行政法规另有规定的除外；（二）公开处理信息的规则；（三）明示处理信息的目的、方式和范围；（四）不违反法律、行政法规的规定和双方的约定。个人信息的处理包括个人信息的收集、存储、使用、加工、传输、提供、公开等。"由此可见，处理个人信息时，第一，要明确"处理"的含义，"处理"是指对个人信息的收集、存储、使用、加工、传输、提供、公开等。第二，处理个人信息时，要遵循合法、正当的原则，不得过度处理。第三，处理个人信息时要符合以下条件：要征得个人或其监护人的同意，要遵循公开处理信息的规则，要明确处理个人信息的目的、方式和范围。第四，处理个人信息还要遵守相关法律规定和遵守双方当事人的约定。

90. 将他人网上公布的信息汇总后，以表格形式在网上公布，是否需要承担民事责任？

我国《民法典》第一千零三十六条规定："处理个人信息，有下列情形之一的，行为人不承担民事责任：（一）在该自然人或者其监护人同意的范围内合理实施的行为；（二）合理处理该自然人自行公开的或者其他已经合法公开的信息，但是该自然人明确拒绝或者处理该信息侵害其重大利益的除外；（三）为维护公共利益或者该自然人合法权益，合理实施的其他行为。"由此可见，将他人已经在网上公布的信息汇总，然后以表格形式一并公布的，由于该行为本身只是公布他人已经公开的信息，并未涉及隐私或者其他未公开事项，属于合理的处理，行为人是不需要承担民事责任的。但是，行为人汇总信息后，擅自更改或编造，并将这些编造或更改过的信息公布的，如果给他人造成不良影响，行为人仍然需要承担民事责任。

四、合同

91. 订立合同时，故意隐瞒重要事实，使对方遭受损失的，需要承担责任吗？

我国《民法典》第五百条规定："当事人在订立合同过程中有下列情形之一，造成对方损失的，应当承担赔偿责任：（一）假借订立合同，恶意进行磋商；（二）故意隐瞒与订立合同有关的重要事实或者提供虚假情况；（三）有其他违背诚信原则的行为。"这是民法典中对于缔约过失责任的规定。关于该责任，最关键的因素就是"诚信"，如果当事人在订立合同的过程中，不信守诚信，那么，就很有可能承担相应的赔偿责任。相应地，在订立合同过程中，一方违背诚信原则，故意隐瞒与订立合同有关的重要事实，给对方造成损害的，应当承担相应的赔偿责任。

92. 在约定满足一定条件而生效的合同中，对方故意促成条件的，是否有效？

《民法典》第一百五十九条规定："附条件的民事法律行为，

当事人为自己的利益不正当地阻止条件成就的，视为条件已经成就；不正当地促成条件成就的，视为条件不成就。"双方约定满足一定条件而生效的合同，在性质上属于附条件的民事法律行为，当事人在合同中约定的条件，必须是在自然条件下成就，如果为了合同成立，采取不正当的手段促成条件达成的，就视为条件不成就，合同还是不能生效。

93. 超过代理权限而与他人签订的合同，被代理人需要承担责任吗？

《民法典》第一百七十二条规定："行为人没有代理权、超越代理权或者代理权终止后，仍然实施代理行为，相对人有理由相信行为人有代理权的，代理行为有效。"该条规定的是民法典中的表见代理制度。所谓表见代理，是指无权代理人实施了代理行为，而善意相对人又有理由相信其有代理权，最终由被代理人承担代理的法律后果的情况。由于善意相对人在这一法律行为中不存在任何过错，因此，让其承担无权代理的法律后果显然是不公平的，只能将这一代理行为视作有效代理行为。超过代理权限而与他人签订合同的行为，代理人仍不具有相应的代理权，属于无权代理，只要善意的对方有理由相信无权代理人有代理权，并且基于该份信任关系与之签订了合同，该代理行为就是有效的，对善意相对人和被代理都具有约束力，被代理人就需要承担合同责任和义务。

94. 为了逃避债务，将车辆假卖转于好友名下的，买卖合同是否有效？

《民法典》第一百五十四条规定："行为人与相对人恶意串通，损害他人合法权益的民事法律行为无效。"现实生活中，有些人为了逃避债务，会假装变卖自己的财产，与他人恶意串通来转移自己的财产并逃避债务。在这种情形下，其与他人签订的买卖合同是无效的，转让过去的财产应该追回。也就是说，为了逃避债务，将车辆假卖转于好友名下的，买卖合同无效。

95. 九岁的孩童购买文具，其行为是否有效？

《民法典》第十九条规定："八周岁以上的未成年人为限制民事行为能力人，实施民事法律行为由其法定代理人代理或者经其法定代理人同意、追认；但是，可以独立实施纯获利益的民事法律行为或者与其年龄、智力相适应的民事法律行为。"由此可见，九岁的孩童属于限制民事行为能力人，其购买文具的行为属于"与其年龄、智力相适应的民事法律行为"，其可以独立实施，该行为有效。

96. 合同中的免责条款都"免责"吗？

免责条款，顾名思义，为免除合同一方相关责任的条款。免责条款作为合同条款之一，在双方平等友好协商下签订，具有法律效力。但是，并不是所有的免责条款都是有效的。根据《民法典》第五百零六条的规定，合同中的下列免责条款无效：（一）造成对方人身损害的；（二）因故意或者重大过失造成对方财产损失的。此外，格式条款中存在免责条款的情形比较普遍，对于此，根据《民法典》第四百九十七条的规定，格式条款中的免责条款除了按民法典第五百零六条规定的无效以外，提供格式条款一方不合理地免除或者减轻其责任、加重对方责任、限制对方主要权利，或者提供格式条款一方排除对方主要权利，都属于无效条款，不能因此免责。

97. 错把买卖合同当成赠与的，能否主张产生错误而撤销？

《民法典》第一百四十七条规定："基于重大误解实施的民事法律行为，行为人有权请求人民法院或者仲裁机构予以撤销。"条文中的"重大误解"是指行为人因对行为的性质、对方当事人、标的物的品种、质量等事关合同订立的核心内容，因存在误解而发生错误认识，进而从事了某一民事行为的情况。由此可见，错把买卖合同当成赠与的，属于对合同性质、行为性质产生了错误认识，并非当事人真实的意思表示，属于重大误解，属于可撤销法律行为，一方有权申请撤销。

98. 先履行合同义务的一方，发现对方公司因在产品中掺杂、掺假被行政处罚的，能否主张中止履行？

《民法典》第五百二十七条规定："应当先履行债务的当事人，有确切证据证明对方有下列情形之一的，可以中止履行：（一）经营状况严重恶化；（二）转移财产、抽逃资金，以逃避债务；（三）丧失商业信誉；（四）有丧失或者可能丧失履行债务能力的其他情形。当事人没有确切证据中止履行的,应当承担违约责任。"由此可见,对方公司因在产品中掺杂、掺假被行政处罚,即出现了"丧失商业信誉"的行为,对于此,先履行的一方不能保证其能否完整、诚信地履行已经订立的合同,因此,可以主张中止履行自己的义务,以免遭受更大的损失。

99. 债权人未告知债务人已将债权转让的情况,债务人继续还债的,其行为是否有效?

《民法典》第五百四十六条规定:"债权人转让债权,未通知债务人的,该转让对债务人不发生效力。债权转让的通知不得撤销,但是经受让人同意的除外。"由此可见,债权人转移债权不需要得到债务人的同意,但是需要履行通知义务,否则,该转让行为对债务人不发生效力。之后,债务人继续还债的,其行为有效。

100. 合同中同时存在定金和违约金的,是否冲突?

《民法典》第五百八十八条规定:"当事人既约定违约金,又约定定金的,一方违约时,对方可以选择适用违约金或者定金条款。定金不足以弥补一方违约造成的损失的,对方可以请求赔偿超过定金数额的损失。"由此可见,合同中同时存在定金和违约金的,两者并不冲突,需要承担责任时,当事人享有选择权,可以选择违约金或者定金条款,如果定金不足以弥补自身损失的,还可以请求对方承担违约损失赔偿责任。

101. 卖方根据约定将货物送到指定地点，买方未及时收取致货物腐烂的，风险由谁承担？

《民法典》第六百零五条规定："因买受人的原因致使标的物未按照约定的期限交付的，买受人应当自违反约定时起承担标的物毁损、灭失的风险。"同时，该法第六百零八条规定："出卖人按照约定或者依据本法第六百零三条第二款第二项的规定将标的物置于交付地点，买受人违反约定没有收取的，标的物毁损、灭失的风险自违反约定时起由买受人承担。"由此可见，标的物毁损、灭失的风险是随着标的物交付而转移的，卖方完成交付后，相应的风险也转移到买方。如果双方约定将标的物交付到指定地点的，卖方根据约定将货物送到指定地点后，即完成了交付义务，买方没有及时收取，导致货物腐烂的，此时属于因买方的原因造成标的物的毁损灭失，该风险由买方自行承担。

102. 与贫困地区签订赠与合同后，能否自行申请撤销？

《民法典》第六百五十八条规定："赠与人在赠与财产的权利转移之前可以撤销赠与。经过公证的赠与合同或者依法不得撤销的具有救灾、扶贫、助残等公益、道德义务性质的赠与合同，不适用前款规定。"由此可见，对于普通赠与行为，赠与人可以在权利转移前按照自己的意愿撤销赠与，但是，经过公证和具有公益、道德义务性质的赠与除外。与贫困地区签订的赠与合同，属于公益性质的赠与，依法不得任意撤销。

103. 个人之间借款时未约定利息，之后能否主张按照银行同期利率支付利息？

《民法典》第六百八十条第二款规定："借款合同对支付利息没有约定的，视为没有利息。"由此可见，个人之间借款时如果未约定利息，视为没有利息，事后不能再主张利息或者以银行同期利率等形式要求对方支付利息。

104. 债权人要求一般保证人履行债务的，一般保证人能否拒绝？

我国《民法典》第六百八十六条规定："保证的方式包括一般保证和连带责任保证。当事人在保证合同中对保证方式没有约定或者约定不明确的，按照一般保证承担保证责任。"该法第六百八十七条规定："当事人在保证合同中约定，债务人不能履行债务时，由保证人承担保证责任的，为一般保证。一般保证的保证人在主合同纠纷未经审判或者仲裁，并就债务人财产依法强制执行仍不能履行债务前，有权拒绝向债权人承担保证责任，但是有下列情形之一的除外：（一）债务人下落不明，且无财产可供执行；（二）人民法院已经受理债务人破产案件；（三）债权人有证据证明债务人的财产不足以履行全部债务或者丧失履行债务能力；（四）保证人书面表示放弃本款规定的权利。"

由此可见，一般保证人享有先诉抗辩权，即在主合同纠纷未经审判或者仲裁，并就债务人财产依法强制执行仍不能履行债务前，有权拒绝向债权人承担保证责任。未经上述程序，债权人直接要求一般保证人履行债务的，一般保证人可以拒绝。但是，如果因债务人下落不明且无财产可供执行、破产、确实无法偿债，或者一般保证人自愿放弃先诉抗辩权的，一般保证人则无权拒绝，必须及时承担债务履行责任。

105. 对方擅自将主要工作转交他人的，定作人能否解除合同？

我国《民法典》第七百七十二条规定："承揽人应当以自己的设备、技术和劳力，完成主要工作，但是当事人另有约定的除外。承揽人将其承揽的主要工作交由第三人完成的，应当就该第三人完成的工作成果向定作人负责；未经定作人同意的，定作人也可以解除合同。"由此可见，承揽人一旦接受了定作人的委托，对于主要工作就应当用自己的设备、技术和劳力，亲自完成这一承揽任务，擅自将该主要工作转交他人的，违反了加工承揽合同的约定，定作人可以解除合同。

106. 免票的孩童乘坐客车发生事故受伤害，客运公司能否因其免票而不予赔偿？

《民法典》第八百二十三条规定："承运人应当对运输过程中旅客的伤亡承担赔偿责任；但是，伤亡是旅客自身健康原因造成的或者承运人证明伤亡是旅客故意、重大过失造成的除外。前款规定适用于按照规定免票、持优待票或者经承运人许可搭乘的无票旅客。"旅客乘坐客车后，客运公司对旅客负有安全保障义务，这一义务不仅针对持票的乘客，对于按规定免票，或者经过客运方许可免费乘车的人也适用。孩童免票，一般属于因身高不够而无须购票，属于按照规定免票。当这些孩童因客车发生交通事故而遭受伤害时，客运公司照样应该承担赔偿责任。

107. 中介公司隐瞒二手车辆为抵押车的事实，委托人能否拒绝支付中介费？

《民法典》第九百六十二条规定："中介人应当就有关订立合同的事项向委托人如实报告。中介人故意隐瞒与订立合同有关的重要事实或者提供虚假情况，损害委托人利益的，不得请求支付报酬并应当承担赔偿责任。"由此可见，中介公司对委托人有如实报告义务，如果其隐瞒二手车辆为抵押车的事实，那么，委托人的权益就很可能会相应地受损，一旦委托人的利益因此受损，其就有权拒绝支付约定的报酬，即中介费，并可向中介公司主张赔偿。

108. 中介人错误传递价格信息，超出买方预期，买卖未成立的，中介人能否向委托人主张报酬？

中介合同是中介人向委托人报告订立合同的机会或者提供订立合同的媒介服务，委托人支付报酬的合同。《民法典》第九百六十四条规定："中介人未促成合同成立的，不得请求支付报酬；但是，可以按照约定请求委托人支付从事中介活动支出的必要费用。"由此可见，只有中介人的居间中介活动达到委托人的目的，委托人才负有给付报酬的义务。中介人错误传递价格信息，超出买方预期，买卖未成立的，中介活动的目的未达成，中介人不能向委托人主张报酬。

109. 业主给他人设立居住权的,需要告知物业吗?

居住权是指对他人所有的住房及其房屋上的附属设施进行占有、使用的权利。我国《民法典》第九百四十五条第二款规定:"业主转让、出租物业专有部分、设立居住权或者依法改变共有部分用途的,应当及时将相关情况告知物业服务人。"由此可知,业主在房屋上设立居住权,必须要告知物业公司。

五、物权

110. 房屋的七十年产权到期后,房子还是自己的吗?

《民法典》第三百五十九条规定:"住宅建设用地使用权期限届满的,自动续期。续期费用的缴纳或者减免,依照法律、行政法规的规定办理。非住宅建设用地使用权期限届满后的续期,依照法律规定办理。该土地上的房屋以及其他不动产的归属,有约定的,按照约定;没有约定或者约定不明确的,依照法律、行政法规的规定办理。"由此可见,对于住宅用地来讲,在使用期限届满后会自动续期。也就是说,对于公民的房屋,七十年产权到期后,会自动续期,只要不改变住宅用地的性质,就可以世世代代在房屋中居住下去。但是,需要注意的是,这里的续期不是"自动免费续期",

续期费用的缴纳或者减免，依照法律、行政法规的规定办理。

111. 将已经进行预告登记的房屋卖与第三人，第三人能取得该房屋的所有权吗？

《民法典》第二百二十一条规定："当事人签订买卖房屋的协议或者签订其他不动产物权的协议，为保障将来实现物权，按照约定可以向登记机构申请预告登记。预告登记后，未经预告登记的权利人同意，处分该不动产的，不发生物权效力。预告登记后，债权消灭或者自能够进行不动产登记之日起九十日内未申请登记的，预告登记失效。"由此可见，房屋办理预告登记后，也具有公示公信的效力。也就是说，在预告登记期间内，出卖人未经预告登记人的同意又将房屋卖给第三人，第三人是无法取得房屋所有权的。因此，买受人在签订买房合同后，如果当时的条件不能办理产权登记的，可以先进行预告登记。但是，一旦能够办理产权登记后，买受人还要在九十日内申请登记，否则自己的权利仍将面临被侵害的风险。

112. 农民宅基地被毁后还能重新分配吗？

《民法典》第三百六十四条规定："宅基地因自然灾害等原因灭失的，宅基地使用权消灭。对失去宅基地的村民，应当依法重新分配宅基地。"由此可见，农民的宅基地因为自然灾害等不可抗力而被毁的，村集体经济组织应当为村民重新分配宅基地。因为，居住权是公民的基本权利之一，《民法典》的此条规定是对《中华人民共和国宪法》关于公民居住权保护的具体化。但需要注意的是，村民重新获得宅基地的原因只能是自然灾害等原因造成原宅基地灭失，如果是村民放弃了原宅基地或者将宅基地转让给他人，则不得要求重新分配宅基地。

113. 城镇居民可以购置宅基地并取得宅基地使用权吗？

《民法典》第三百六十三条规定："宅基地使用权的取得、行使和转让，适用土地管理的法律和国家有关规定。"而根据《国务院关于深化改革严格土地管理的决定》第十条的规定，加强农村宅基地管理，禁止城镇居民在农村购买宅基地。由此可见，宅基地使用权的主体只能是农村集体经济组织的成员。城镇居民不得购置宅基地，除非其依法将户口迁入该集体经济组织。同时，宅基地使用权实行严格的"一户一宅"制，根据土地管理法的规定，农村村民一户只能拥有一处宅基地。并且，宅基地使用权的用途仅限于村民建造个人住宅。

114. 相邻权人行使相邻权造成他方损害时，应该承担什么责任？

《民法典》第二百九十六条规定："不动产权利人因用水、排水、通行、铺设管线等利用相邻不动产的，应当尽量避免对相邻的不动产权利人造成损害。"同时，《民法典》第一百二十条规定，民事权益受到侵害的，被侵权人有权请求侵权人承担侵权责任。由此可见，相邻权人行使相邻权造成他方损害的，他方有权要求赔偿。但需要注意的是，不动产权利人在行使相邻权时，其前提是相邻权人必须利用相邻他方的不动产，否则无法用水、排水、通行或者铺设管线，或者虽然可以不利用相邻他方不动产实现上述目的但代价过大。同时，在利用他方不动产时，如果有几种方案可供选择，必须选择损害最小的方案。在上述情况下，如果造成了相邻他方的损失，必须支付赔偿金。

115. 共有人对共有方式没有约定即为按份共有吗？

《民法典》第三百零八条规定："共有人对共有的不动产或者动产没有约定为按份共有或者共同共有，或者约定不明确的，除共有人具有家庭关系等外，视为按份共有。"由此可见，在共有人对共有财产的分配方式没有约定时，法律在一般情况下都按照按份共有处理，但法律也规定了一种例外情形，即如果共有人具有家庭关系等，则视为共同共有。该条规定提醒我们，如果共有人原意是对共同财产按照共同共有分配的，那么一定要提前加以约定，否则一旦诉至法院，自己的共同共有主张是得不到法院支持的。至于按份共有，虽然并不要求共有人事先约定，但在具体确定各共有人所占份额的时候仍然会十分麻烦，可能对某些共有人的利益造成损害，因此，按份共有人之间对共有份额做出约定也是很必要的。

116. 按份共有人对外转让其财产份额时，其他共有人享有优先购买权吗？

《民法典》第三百零五条规定："按份共有人可以转让其享有的共有的不动产或者动产份额。其他共有人在同等条件下享有优先购买的权利。"由此可见，按份共有人对外转让其财产份额时，其他共有人可以优先购买。但其他按份共有人行使优先购买权的前提是，必须在同等条件下，即按份共有人和非共有人购买价格、支付条件相同时才能主张优先购买。此外，不仅按份共有人有优先购买权，共同共有人也有优先购买权，但共同共有人的优先购买权必须是在共有物分割之后才能行使，并且要求转让人的财产须与其他共有人分得的财产属于一个整体或者配套使用。

117.签订居住权合同后，就意味着有居住权了吗？

《民法典》第三百六十六条规定："居住权人有权按照合同约定，对他人的住宅享有占有、使用的用益物权，以满足生活居住的需要。"同时，根据《民法典》第三百六十七条、第三百六十八条的规定，设立居住权，应当订立书面合同，并应当向登记机构申请居住权登记。居住权自登记时设立。居住权无偿设立，但是当事人另有约定的除外。由此可见，居住权应通过书面合同的方式进行约定，但居住权的设立，除了签订居住权合同之外，还需要办理登记才能设立居住权。

118.已经设立居住权的房屋，还能出租吗？

《民法典》第三百六十九规定："居住权不得转让、继承。设立居住权的住宅不得出租，但是当事人另有约定的除外。"由此可见，房屋上设立居住权后，原则上该房屋的所有权人是不能再将该房屋进行出租的，除非居住权人和房屋所有人约定该房屋可以出租。

119. 房屋上设立的居住权有存续期间吗?

《民法典》第三百六十九条规定:"居住权不得转让、继承。设立居住权的住宅不得出租,但是当事人另有约定的除外。"同时,《民法典》第三百七十条规定:"居住权期限届满或者居住权人死亡的,居住权消灭。居住权消灭的,应当及时办理注销登记。"由此可见,居住权人不能将居住权转让,居住权人的继承人也不能通过继承的方式取得居住权。但是,居住权是有存续期间的,在居住权期限到期或者居住权人死亡后,居住权就消灭了。需要注意的是,设立居住权时,应当在登记机构进行居住权登记,因此,在居住权消灭后,也应当及时办理注销登记。

120. 双方在合同中约定"如不还款,抵押物直接归对方所有",有效吗?

《民法典》第四百零一条规定:"抵押权人在债务履行期限届满前,与抵押人约定债务人不履行到期债务时抵押财产归债权人所有的,只能依法就抵押财产优先受偿。"由此可见,抵押权人与抵押人约定到期不还款,直接转移抵押物所有权的,就抵押物所有权归属问题来讲,是无效的。但是,尽管抵押权人不能据此约定直接取得抵押物的所有权,但抵押权人可以依法就抵押财产优先受偿。由此可见,我国法律禁止当事人订立流押合同或者流押条款。法律之所以如此规定,主要是考虑在设立抵押权时,抵押人出于急需的目的,不惜以自己价值很高的抵押财产去为价值远低于该抵押财产的债权做担保,从而做出不利于自己权益的行为。

121. 债权人放弃债务人提供的抵押,其他抵押人还需要负担保责任吗?

《民法典》第四百零九条第二款规定:"债务人以自己的财产设定抵押,抵押权人放弃该抵押权、抵押权顺位或者变更抵押权的,其他担保人在抵押权人丧失优先受偿权益的范围内免除担保责任,但是其他担保人承诺仍然提供担保的除外。"由此可见,该条款是对被担保的债权既有以债务人自己的财产做抵押又有其他担保的情形而做出的特别规定。在债权人放弃债务人的抵押时,就表明其已经自愿放弃对该抵押财产的优先受偿权,如果再让其他抵押人承担这部分抵押责任明显有失公平,因此,面对这种情况,法律明确规定其他抵押人在抵押权人丧失优先受偿权益的范围内免除担保责任。需要注意的是,其他担保人既包括为债务人担保的保证人,也包括提供抵押、质押担保的第三人。

122. 抵押合同在登记后才发生效力吗?

《民法典》第四百零三条规定:"以动产抵押的,抵押权自抵押合同生效时设立;未经登记,不得对抗善意第三人。"由此可见,无论是不动产还是动产抵押,除法律另有规定或者合同约定外,只要抵押合同成立即生效。而关于抵押权的设立,动产采取登记对抗主义,即当事人可以自愿选择是否办理登记,登记是抵押权的对抗要件，未经登记不得对抗善意第三人；不动产采取登记生效主义，即不动产抵押权的设立，必须办理抵押登记，这是抵押权的生效条件，抵押权自登记之日起成立，但并不影响抵押合同的效力。

123. 抵押期间，抵押人转让抵押财产的条件是什么？

《民法典》第四百零六条规定："抵押期间，抵押人可以转让抵押财产。当事人另有约定的，按照其约定。抵押财产转让的，抵押权不受影响。抵押人转让抵押财产的，应当及时通知抵押权人。抵押权人能够证明抵押财产转让可能损害抵押权的，可以请求抵押人将转让所得的价款向抵押权人提前清偿债务或者提存。转让的价款超过债权数额的部分归抵押人所有，不足部分由债务人清偿。"由此可见，抵押期间，在当事人没有另外约定的情况下，抵押人可以转让抵押财产，但应当及时通知抵押权人。并且，抵押人转让抵押财产的，必须消除该财产上的债权，以此减少抵押物流转过程中的风险，避免抵押人利用制度设计的漏洞取得不当利益，从而更好地保护抵押权人和买受人的合法权益。

124. 股权出质一定要签订书面合同吗？

我国《民法典》第四百二十七条第一款规定："设立质权，当事人应当采用书面形式订立质押合同。"该法第四百四十三条第一款规定："以基金份额、股权出质的，质权自办理出质登记时设立。"同时，我国《股权出质登记办法》第七条第一款规定："申请股权出质设立登记，应当提交下列材料：

（一）申请人签字或者盖章的《股权出质设立登记申请书》；（二）记载有出质人姓名（名称）及其出资额的有限责任公司股东名册复印件或者出质人持有的股份公司股票复印件（均需加盖公司印章）；（三）质押合同；（四）出质人、质权人的主体资格证明或者自然人身份证明复印件（出质人、质权人属于自然人的由本人签名，属于法人的加盖法人印章，下同）；（五）国家市场监督管理总局要求提交的其他材料。"由此可见，以股权出质需要签订书面合同。这是因为以股权出质时，股权质权自办理质押登记时设立。只有准备齐全股权质押合同等一系列材料才能够办理股权质押登记，从而设立股权质权。因此，股权质押书面合同是必要的。

125. 在质押期间，质权人可以使用质押物吗？

《民法典》第四百三十一条规定："质权人在质权存续期间，未经出质人同意，擅自使用、处分质押财产，造成出质人损害的，应当承担赔偿责任。"由此可见，在质押期间，质权人是不得擅自使用质押物的。因为，用于质押的财产是容易转移的动产，质权人取得质物、控制质物是为了质物不被出质人随意处分而使担保落空，以保证债权的实现，而质权人使用、处分质物显然不是设定质权的目的。所以，质权人非经出质人同意不得擅自使用、出租、处分质物。当然，如果出质人同意，则不在此列。

126. 留置权人可以留置与债权债务不属于同一法律关系的动产吗？

《民法典》第四百四十八条规定："债权人留置的动产，应当与债权属于同一法律关系，但是企业之间留置的除外。"由此可见，债权人原则上不可以留置与债权债务无关的动产，但企业留置的除外。因为留置权的目的在于留置债务人的财产，迫使债务人履行债务，保障债权的实现。如果法律允许债权人任意留置与债权的发生没有关系的债务人财产，则对债权人的保护过大，也会损害其他债权人的利益，这显然有失公平，所以民法典规定债权人留置的动产应当与债权属于同一法律关系。但是，考虑到现实中企业之间相互交易频繁，追求交易效率的目的，如果严格要求留置财产必须与债权的发生具有同一法律关系，也不利于交易的便捷，因此法律又做出了例外规定。

六、侵权责任

127.发生侵权行为时，受害人都有过错，侵权人的责任可以减轻吗？

有时候，侵权事件发生时，受害人一方也有一定的过错，对此，我国《民法典》第一千一百七十三条规定："被侵权人对同一损害的发生或者扩大有过错的，可以减轻侵权人的责任。"由此可见，在受害人也存在过错的情况下，应根据受害人过错大小与侵权人过错的实际情况来适当减轻侵权人的赔偿责任，而不是由侵权人一人承担全部的赔偿责任。

128. 侵权人与被侵权人双方对造成的损害均无过错，谁来担责？

侵权行为引起的损害赔偿一般是由一方当事人存在过错或重大过失导致的，但也不能排除有些时候无论致害人还是受害人对于损害事实的发生均没有过错的情况。对此，我国《民法典》第一千一百八十六条规定："受害人和行为人对损害的发生都没有过错的，依照法律的规定由双方分担损失"。可见，法律本着公平的原则，明确规定在侵权人与被侵权人均无过错时，对于被侵权人的损失，由双方共同分担。

129. 未成年人因受教唆而侵权的，如何处理？

我国《民法典》第一千一百六十九规定："教唆、帮助他人实施侵权行为的，应当与行为人承担连带责任。教唆、帮助无民事行为能力人、限制民事行为能力人实施侵权行为的，应当承担侵权责任；该无民事行为能力人、限制民事行为能力人的监护人未尽到监护职责的，应当承担相应的责任。"由此可见，对于未成年人因受到教唆而侵权的，如何认定责任问题，要看该未成年人是否属于无民事行为能力人或者限制民事行为能力人。如果未成年人属于此二类人的，教唆者要承担侵权责任，当然，如果未成年人的监护人（通常为父母）没有尽到监护责任，也要承担一定的责任；如果未成年人已经属于完全民事能力人（十六周岁以上的未成年人，以自己的劳动收入为主要生活来源的，视为完全民事行为能力人），那么，如果因受到教唆而去实施侵权的，自己要承担侵权责任，同时教唆者承担连带责任。

130. 因保护他人而受伤，侵权人逃逸的，责任谁来承担？

《民法典》第一百八十三条规定："因保护他人民事权益使自己受到损害的，由侵权人承担民事责任，受益人可以给予适当补偿。没有侵权人、侵权人逃逸或者无力承担民事责任，受害人请求补偿的，受益人应当给予适当补偿。"由此可见，因保护他人而受伤，侵权人逃逸的，可以由受帮助的人来适当承担补偿责任。

131. 人身受到伤害但没有落下残疾时，可以从哪些方面请求赔偿？

《民法典》第一千一百七十九条规定："侵害他人造成人身损害的，应当赔偿医疗费、护理费、交通费、营养费、住院伙食补助费等为治疗和康复支出的合理费用，以及因误工减少的收入。造成残疾的，还应当赔偿辅助器具费和残疾赔偿金；造成死亡的，还应当赔偿丧葬费和死亡赔偿金。"由此可知，人身受到伤害但没有落下残疾时，可以从这些方面请求赔偿：医疗费、护理费、交通费、营养费、住院伙食补助费、误工费以及其他为治疗和康复支出的合理费用。

132. 临时雇员在工作中致使他人受伤，老板需要承担责任吗？

我国《民法典》第一千一百九十二条第一款规定："个人之间形成劳务关系，提供劳务一方因劳务造成他人损害的，由接受劳务一方承担侵权责任。接受劳务一方承担侵权责任后，可以向有故意或者重大过失的提供劳务一方追偿。提供劳务一方因劳务受到损害的，根据双方各自的过错承担相应的责任。"临时雇员多为劳务关系，临时雇员在工作中致使他人受伤的，雇主需要承担侵权责任。当然，雇主承担责任后，可以向有故意或者重大过失的员工一方追偿。因此，老板在雇工时应注意雇用品德好、遵纪守法的员工，这样能够有效降低风险。当然，老板也有保护雇员安全工作的义务。该条第二款规定："提供劳务期间，因第三人的行为造成提供劳务一方损害的，提供劳务一方有权请求第三人承担侵权责任，也有权请求接受劳务一方给予补偿。接受劳务一方补偿后，可以向第三人追偿。"也就是说，员工在工作中因第三人受到伤害时，不仅可以请求第三人赔偿，也可以请求雇主补偿，当然，雇主对受害人补偿后，可以向第三人追偿。

133. 高危作业致使他人受伤，有无须负责的情况吗？

现实生活中存在大量的高危作业，如高空、高压、易燃、易爆、剧毒、放射性、高速运输作业等，这些作业对周围环境有高度危险，但对于人民生活水平的提高又不可或缺。有些情况下，这些作业对人造成损害是可以免责的，我国法律对此有明确的规定。

《民法典》第一千二百四十三条规定："未经许可进入高度危险活动区域或者高度危险物存放区域受到损害，管理人能够证明已经采取足够安全措施并尽到充分警示义务的，可以减轻或者不承担责任。"由此可见，对于正在进行的高危作业，如果受害人不顾危险警示故意进入危险区域，造成自身损害，是得不到赔偿的。作业管理人不承担责任，但是需要证明已经采取足够安全措施并尽到充分警示义务。

134. 施工过程中，因井盖未盖导致有人掉进去而摔伤，责任由谁承担？

我国《民法典》第一千二百五十八条规定："在公共场所或者道路上挖掘、修缮安装地下设施等造成他人损害，施工人不能证明已经设置明显标志和采取安全措施的，应当承担侵权责任。窨井等地下设施造成他人损害，管理人不能证明尽到管理职责的，应当承担侵权责任。"也就是说，施工过程中，因井盖未盖导致有人掉进去而摔伤，如果施工人不能证明已经设置明显标志和采取安全措施，其应当承担侵权责任；如果施工人能够证明，则责任由伤者自负。

135. 在公共道路上乱堆物品致人损害的，责任由谁承担？

我国《民法典》第一千二百五十六条规定："在公共道路上堆放、倾倒、遗撒妨碍通行的物品造成他人损害的，由行为人承担侵权责任。公共道路管理人不能证明已经尽到清理、防护、警示等义务的，应当承担相应的责任。"可见，在公共道路上乱堆物品致人损害的，应当由行为人承担责任。但是，如果公路管理人不能证明自己已经尽到相应的管理义务的，也要承担一定的责任。

136. 帮人照顾宠物期间宠物咬伤他人的，谁来赔偿？

现实生活中有可能出现宠物的所有人和管理人不一致的情况，

帮人照顾宠物就是很典型的情形。那么在照顾他人宠物期间宠物咬伤他人的，谁来赔偿呢？对此，我国《民法典》第一千二百四十五条做出了相应的规定，饲养的动物造成他人损害的，动物饲养人或者管理人应当承担侵权责任；但是，能够证明损害是因被侵权人故意或者重大过失造成的，可以不承担或者减轻责任。可见，宠物咬伤他人，承担责任的为饲养人或者管理人，而并非宠物所有人。也就是说，在既有所有人又有实际管理人的情形下，应当由宠物的实际管理人来承担致人损害的赔偿责任。因此，帮人照顾宠物期间宠物咬伤他人的，帮人者应该承担赔偿责任。

137. 受害人因他人的过错被宠物伤害，由谁承担责任？

我国《民法典》第一千二百五十条规定："因第三人的过错致使动物造成他人损害的，被侵权人可以向动物饲养人或者管理人请求赔偿，也可以向第三人请求赔偿。动物饲养人或者管理人赔偿后，有权向第三人追偿。"由此可知，因他人过错致使受害人被宠物伤害的，受害人既可以要求宠物的饲养人或管理人承担赔偿责任，也可以要求有过错的第三人承担赔偿责任。当然，如果饲养人或者管理人承担了赔偿责任，可以向第三人追偿。

138. 多人共同侵权造成损害的，责任如何界定？

我国《民法典》第一千一百七十条规定："二人以上实施危及他人人身、财产安全的行为，其中一人或者数人的行为造成他人损害，能够确定具体侵权人的，由侵权人承担责任；不能确定具体侵权人的，行为人承担连带责任。"据此可知，多人共同侵权造成他人损害的，责任如何分担就看是否能够确定具体的侵权人，能确定的，谁侵权谁赔偿，不能确定的，共同侵权人一起承担连带责任。

139. 在地铁门报警关闭之际，强行上车被门夹伤的，可以要求地铁部门赔偿吗？

我国《民法典》第一千一百九十八条第一款规定："宾馆、商场、银行、车站、机场、体育场馆、娱乐场所等经营场所、公共场所的经营者、管理者或者群众性活动的组织者，未尽到安全保障义务，造成他人损害的，应当承担侵权责任。"因此，地铁部门对地铁相关场所具有安全保障义务，未尽到安全保障义务致人损害的，应当承担责任。在正常情况下，地铁门在关闭前会有语音播报、亮警示灯、工作人员广播等提示，如果地铁部门尽到了这些提示性义务，一般就会认为其尽到了安全保障义务，不应当承担赔偿责任。因此，如乘客不顾警示，强行上车被车门夹伤的，地铁部门不应对此承担赔偿责任。

140. 故意摔坏留有他人生前视频的手机的，要给机主精神损害赔偿吗？

我国《民法典》第一千一百八十三条规定："侵害自然人人身权益造成严重精神损害的，被侵权人有权请求精神损害赔偿。因故意或者重大过失侵害自然人具有人身意义的特定物造成严重精神损害的，被侵权人有权请求精神损害赔偿。" 留有他人生前视频的手机，对于机主来说具有纪念意义，是具有人身意义的特定物。因此，如果故意摔坏该手机导致视频损坏无法观看的，机主有权向摔坏人请求精神损害赔偿。

141. 高空抛物造成他人损害的，如何追责？

我国《民法典》第一千二百五十四条规定："禁止从建筑物中抛掷物品。从建筑物中抛掷物品或者从建筑物上坠落的物品造成他人损害的，由侵权人依法承担侵权责任；经调查难以确定具体侵权人的，除能够证明自己不是侵权人的外，由可能加害的建筑物使用人给予补偿。可能加害的建筑物使用人补偿后，有权向侵权人追偿。物业服务企业等建筑物管理人应当采取必要的安全保障措施防止前款规定情形的发生；未采取必要的安全保障措施的，应当依法承担未履行安全保障义务的侵权责任。发生本条第一款规定的情形的，公安等机关应当依法及时调查，查清责任人。"因此，高空抛物造成他人损害，在能够确定具体侵权人的情况下，由具体侵权人承担侵权责任。但在难以确定具体侵权人的情况下，应当由所有可能抛物的建筑物使用人向受害者给予补偿，能够证明自己不是侵权人的除外。除此之外，物业需要采取必要的安全保障措施预防高空抛物，如在社区内贴标语，在比较危险的地方设置围栏，定期进行检查维修，投保相应的责任险等措施。如果物业没有采取必要的安全保障措施，在事故发生后，也应当承担相应的责任。

第三章　行政法律问答

一、行政处罚

142. 火锅店因食品卫生不达标被查，会面临什么处罚？

根据我国《行政处罚法》[①]第九条的规定，行政处罚的种类包括：（一）警告、通报批评；（二）罚款、没收违法所得、没收非法财物；（三）暂扣许可证件、降低资质等级、吊销许可证件；（四）限制开展生产经营活动、责令停产停业、责令关闭、限制从业；（五）行政拘留；（六）法律、行政法规规定的其他行政处罚。行政执法部门在执法过程中，发现公民、法人或者其他组织存在违反行政管理秩序的行为，应当依法给予行政处罚。具体采用哪种处罚措施，应视情节轻重决定。由此可见，火锅店因食品卫生不达标被查，根据其违法情节的轻重，其可能会面临以上几种处罚。

---

① 本法已由中华人民共和国第十三届全国人民代表大会常务委员会第二十五次会议于 2021 年 1 月 22 日修订通过，自 2021 年 7 月 15 日起施行。

143. 村民不听劝阻在公路上晒粮食，村委会可以对其进行罚款吗？

根据我国《行政处罚法》第九条的规定可知，行政处罚的种类包括警告、罚款、没收违法所得、没收非法财物、责令停产停业、暂扣或者吊销许可证、行政拘留等。该法第二十三条规定，行政处罚由县级以上地方人民政府具有行政处罚权的行政机关管辖。法律、行政法规另有规定的，从其规定。也就是说，县级以上地方人民政府才有权进行警告、罚款等行政处罚，村委会无权对村民进行罚款。

144. 市食品药品监督管理局对销售劣质药品的药店负责人处以五日行政拘留，合法吗？

劣质药品危害人民身体健康，应严厉进行打击。市食品药品监督管理局对销售劣质药品的药店，应当视其违法情节的轻重，给予相应的行政处罚。根据我国《行政处罚法》第五十一条的规定，违法事实确凿并有法定依据，对公民处以二百元以下、对法人或者其他组织处以三千元以下罚款或者警告的行政处罚的，可以当场作出行政处罚决定。以及根据该法第十八条的规定，国务院或者省、自治区、直辖市人民政府可以决定一个行政机关行使有关行政机关的行政处罚权，但限制人身自由的行政处罚权只能由公安机关和法律规定的其他机关行使。行政拘留是限制人身自由的行政处罚，市食品药品监督管理局无权对销售劣质药品的药店负责人处以五日行政拘留，其做法是不合法的。

145. 十五岁的中学生打架,能不能对其进行行政处罚?

我国《行政处罚法》第三十条规定:"不满十四周岁的未成年人有违法行为的,不予行政处罚,责令监护人加以管教;已满十四周岁不满十八周岁的人有违法行为的,从轻或者减轻行政处罚。"也就是说,承担行政处罚责任的行为人的最低年龄是十四周岁,如果不满十四周岁,不予行政处罚,已满十四周岁不满十八周岁,会受到行政处罚,但根据惩罚与教育相结合的原则,对其从轻或者减轻行政处罚。由此可见,十五岁的中学生已符合承担行政处罚的责任年龄,可以对其进行行政处罚,但应当从轻或者减轻处罚。

146. 间歇性精神病人违法,会不会受到行政处罚?

根据我国《行政处罚法》第三十一条的规定,精神病人、智力残疾人在不能辨认或者不能控制自己行为时有违法行为的,不予行政处罚,但应当责令其监护人严加看管和治疗。间歇性精神病人在精神正常时有违法行为的,应当给予行政处罚。尚未完全丧失辨认或者控制自己行为能力的精神病人、智力残疾人有违法行为的,可以从轻或者减轻行政处罚。也就是说,间歇性精神病人违法是否会受到行政处罚,取决于该病人在做出违法行为时的精神状况,如果是在精神正常时做出的违法行为,就应当受到行政处罚,如果是在精神失常时做出的违法行为,就不会受到行政处罚,但会责令其监护人严加看管和治疗。

147. 张某因故意伤害他人被判刑后,还会不会再受到行政处罚?

在我国现行的法律体系中,有民事、行政、刑事三大法律责任承担方式,其中,刑事责任具有最高的强制力,优先于其他两种责任承担方式。我国《行政处罚法》第二十七条第一款规定:"违法行为涉嫌犯罪的,行政机关应当及时将案件移送司法机关,依法追究刑事责任。对依法不需要追究刑事责任或者免予刑事处罚,但应当给予行政处罚的,司法机关应当及时将案件移送有关行政机关。"以及该法第八条第二款规定:"违法行为构成犯罪,应当依法追究刑事责任,不得以行政处罚代替刑事处罚。"由此可知,行为人因违法受到行政处罚,同时又构成犯罪应受到刑事处罚时,刑事处罚会吸收行政处罚,应依法追究其刑事责任。所以,张某因故意伤害他人被判刑后,会被执行刑事处罚,不会再受到行政处罚。

148. 企业违法后主动减轻危害后果的,会减免处罚吗?

我国《行政处罚法》第三十二条规定:"当事人有下列情形之一的,应当依法从轻或者减轻行政处罚:(一)主动消除或者减轻违法行为危害后果的;(二)受他人胁迫或者诱骗实施违法行为的;(三)主动供述行政机关尚未掌握的违法行为的;(四)配合行政机关查处违法行为有立功表现的;(五)法律、法规、规章规定其他应当从轻或者减轻行政处罚的。"企业违法后主动减轻危害后果一方面可以降低造成的损失,另一方面也说明该企业具有悔改表现,因此,应当依法对其从轻或者减轻行政处罚。

149. 被执法部门没收的财产能用来折抵刑事处罚中的罚金吗？

我国《行政处罚法》第三十五条第二款规定："违法行为构成犯罪，人民法院判处罚金时，行政机关已经给予当事人罚款的，应当折抵相应罚金；行政机关尚未给予当事人罚款的，不再给予罚款。"也就是说，是行政处罚中的罚款可以折抵刑事处罚中的罚金，而不是没收的财产，因为没收的财产一般来说都是没收的违法行为所得，罚款和罚金则剥夺的是合法财产，所以，没收的财产不能折抵。

150. 违法单位积极配合行政机关查处违法行为的，会减免处罚吗？

根据我国《行政处罚法》第三十二条的规定，当事人配合行政机关查处违法行为有立功表现的，应当依法从轻或者减轻行政处罚。也就是说，违法单位想要被依法从轻或者减轻行政处罚，不仅需要积极配合行政机关查处违法行为，而且还需要有立功表现。关于哪些行为是立功表现法律没有明确规定，司法实践中一般把违法当事人有揭发他人违法犯罪行为，查证属实的，或者提供重要线索，从而得以侦破其他案件等行为，视为立功表现。因此，违法单位积极配合行政机关查处违法行为，若有立功表现的，会被减免处罚。

151. 行政处罚中被拘留的时间能用来折抵拘役的刑期吗？

根据我国《行政处罚法》第三十五条第一款的规定，违法行为构成犯罪，人民法院判处拘役或者有期徒刑时，行政机关已经给予当事人行政拘留的，应当依法折抵相应刑期。以及《刑法》第四十四条规定，拘役的刑期，从判决执行之日起计算；判决执行以前先行羁押的，羁押一日折抵刑期一日。由此可知，行政拘留的时间是可以折抵拘役的刑期的，行政拘留一日折抵拘役刑期一日。

152. 不服执法部门的处罚，如果进行申辩，会加重处罚吗？

我国《行政处罚法》第七条第一款规定："公民、法人或者其他组织对行政机关所给予的行政处罚，享有陈述权、申辩权；对行政处罚不服的，有权依法申请行政复议或者提起行政诉讼。"也就是说，当事人对行政机关作出的行政处罚不服，有权进行申辩。该法第四十五条规定："当事人有权进行陈述和申辩。行政机关必须充分听取当事人的意见，对当事人提出的事实、理由和证据，应当进行复核；当事人提出的事实、理由或者证据成立的，行政机关应当采纳。行政机关不得因当事人陈述、申辩而给予更重的处罚。"由此可知，不服执法部门的处罚，当事人进行申辩，行政机关应当认真听取当事人的意见，不能因此加重对当事人的处罚。

153. 某药店因售假药被责令停业，执法部门有权要求该市其他药店也停业整顿吗？

我国《行政处罚法》第四条第一款规定："公民、法人或者其他组织违反行政管理秩序的行为，应当给予行政处罚的，依照本法由法律、法规或者规章规定，并由行政机关依照本法规定的程序实施。"也就是说，行政机关进行行政处罚，前提是公民、法人或者其他组织有违反行政管理秩序的行为，如果公民、法人或者其他组织没有违法行为，行政机关就无权处罚。由此可知，某药店因售假药被责令停业，执法机关以售假药对该药店作出责令停业处罚，于法有据，而该市其他药店并未查出有售假药的情况，没有违法行为，行政机关无权要求他们停业整顿。

154. 小孙因乱摆摊被执法部门罚款，若他继续乱摆摊，还会再被罚款吗？

我国《行政处罚法》第二十九条规定："对当事人的同一个违法行为，不得给予两次以上罚款的行政处罚。同一个违法行为违反多个法律规范应当给予罚款处罚的，按照罚款数额高的规定处罚。"也就是说，就当事人的一个违法行为而言，行政机关只能作出一次罚款的处罚，不能再进行第二次罚款。注意这里是指罚款处罚，如果是其他的行政处罚种类，则是可以重复的。因此，小孙因乱摆摊被执法部门罚款后，若他继续乱摆摊，不会再被罚款，但会被处以其他种类的处罚，比如责令停产停业、没收违法所得、行政拘留等。

155. 执法人员未检查就以食品卫生不达标对某餐馆作出罚款处罚，合法吗？

我国《行政处罚法》第四十条规定："公民、法人或者其他组织违反行政管理秩序的行为，依法应当给予行政处罚的，行政机关必须查明事实；违法事实不清、证据不足的，不得给予行政处罚。"也就是说，行政机关作出行政处罚前，必须先查明事实，如果违法事实不清、证据不足，就不能给予当事人行政处罚。因此，执法人员未检查就以食品卫生不达标对某餐馆作出罚款处罚是不合法的，执法人员应当先进行检查，并收集餐馆卫生不达标的证据，然后据此才能作出罚款处罚。

156. 执法人员作出行政处罚时，需要给违法当事人说明情况吗？

我国《行政处罚法》第四十四条规定："行政机关在作出行政处罚决定之前，应当告知当事人拟作出的行政处罚内容及事实、理由、依据，并告知当事人依法享有的陈述、申辩、要求听证等权利。"也就是说，行政机关要处罚违法当事人，必须要让当事人知道自己的行为违法了，以及违反了什么法，应当承担什么样的法律责任，这样当事人才能清清楚楚受罚。此外，《行政处罚法》第四十五条第一款规定："当事人有权进行陈述和申辩。行政机关必须充分听取当事人的意见，对当事人提出的事实、理由和证据，应当进行复核；当事人提出的事实、理由或者证据成立的，行政机关应当采纳。"因此，执法人员作出行政处罚时，不仅要给违法当事人说明情况，还要充分听取当事人的意见，这样才能作出公平、公正的处罚。

157. 违法行为超过多长时间，就可以免于行政处罚？

我国《行政处罚法》第三十六条规定："违法行为在二年内未被发现的，不再给予行政处罚；涉及公民生命健康安全、金融安全且有危害后果的，上述期限延长至五年。法律另有规定的除外。前款规定的期限，从违法行为发生之日起计算；违法行为有连续或者继续状态的，从行为终了之日起计算。"由此可知，行为人的违法行为在二年内未被发现的，会免于行政处罚。但需要注意这两年时间的起算点，如果违法行为已完成，则时间起算点为违法行为发生之日，如果违法行为有连续或者继续状态，则时间起算点为行为终了之日。

158. 执法部门作出罚款处罚时，必须要开收据吗？

我国《行政处罚法》第七十条规定："行政机关及其执法人员当场收缴罚款的，必须向当事人出具国务院财政部门或者省、自治区、直辖市人民政府财政部门统一制发的专用票据；不出具财政部门统一制发的专用票据的，当事人有权拒绝缴纳罚款。"由此可见，给违法当事人开收据是罚款处罚必须要履行的程序，否则，当事人可以拒绝缴纳罚款。

159. 执法人员作出罚款处罚后，能自行收款吗？

我国《行政处罚法》第六十七条规定："作出罚款决定的行政机关应当与收缴罚款的机构分离。除依照本法第六十八条、第六十九条的规定当场收缴的罚款外，作出行政处罚决定的行政机关及其执法人员不得自行收缴罚款。当事人应当自收到行政处罚决定书之日起十五日内，到指定的银行或者通过电子支付系统缴纳罚款。银行应当收受罚款，并将罚款直接上缴国库。"也就是说，作出罚款决定的行政机关与收缴罚款的机构是分开的，作出罚款决定的行政机关不得自行收缴罚款，应当由违法当事人自行到指定的银行缴纳罚款。当然也有例外，即执法人员依法给予违法当事人一百元以下的罚款、不当场收缴事后难以执行的，以及在边远、水上、交通不便地区，当事人到指定的银行或者通过电子支付系统缴纳罚款确有困难，经当事人提出的，此时，行政机关及其执法人员可以当场收缴罚款。

二、行政许可

160. 什么是行政许可？药监局申请法院强制执行算不算行政许可？

我国《行政许可法》第二条规定："本法所称行政许可，是指行政机关根据公民、法人或者其他组织的申请，经依法审查，准予其从事特定活动的行为。"在该概念中，行政许可的申请人是公民、法人或者其他组织，被申请人是行政机关，即行政许可的实施机关。药监局申请法院强制执行，其中申请人药监局是行政机关，被申请人人民法院是司法机关，不符合行政许可的构成要件。因此，药监局申请法院强制执行不算行政许可。

161. 行政许可可以通过哪些方式提出？

随着科技的发展，百姓可以通过电子网络等途径办理很多事。根据《行政许可法》第二十九条第三款的规定，行政许可申请可以通过信函、电报、电传、传真、电子数据交换和电子邮件等方式提出。

162. 行政许可涉及多个部门时，需要逐个申请吗？

我国《行政许可法》第二十六条规定："行政许可需要行政机关内设的多个机构办理的，该行政机关应当确定一个机构统一受理行政许可申请，统一送达行政许可决定。行政许可依法由地方人民政府两个以上部门分别实施的，本级人民政府可以确定一个部门受理行政许可申请并转告有关部门分别提出意见后统一办理，或者组织有关部门联合办理、集中办理。"由此可知，行政许可不管是涉及多个机构，还是一个机构里的多个部门，申请人都只需要向指定的一个机构或者部门提交申请，无须分别提交，这极大地简化了流程，便利了申请人。

163. 办理行政许可需要花钱吗？

我国《行政许可法》第二十七条规定："行政机关实施行政许可，不得向申请人提出购买指定商品、接受有偿服务等不正当要求。行政机关工作人员办理行政许可，不得索取或者收受申请人的财物，不得谋取其他利益。"以及第五十八条第一款规定："行政机关实施行政许可和对行政许可事项进行监督检查，不得收取任何费用。但是，法律、行政法规另有规定的，依照其规定。"也就是说，除了法律明确规定要收费的外，办理行政许可是不需要任何费用的。如果行政机关工作人员办理行政许可时索取或者收受他人财物或者谋取其他利益，会依法受到行政处分，构成犯罪的，会被依法追究刑事责任。因此，办理行政许可时，在法律没明确说明要收费的情况下，是不需要花钱的。

164. 不熟悉餐饮行政许可办理流程，能让他人代办吗？

我国《行政许可法》第二十九条第二款规定："申请人可以委托代理人提出行政许可申请。但是，依法应当由申请人到行政机关办公场所提出行政许可申请的除外。"也就是说，行政许可既可以自己申请，也可以委托他人申请，但委托他人申请时，需要注意委托的申请事项不能具有人身专属性，即不是必须由申请人自己办理的事项。餐饮行政许可不具有人身专属性，因此，如果不熟悉办理流程，是可以委托他人办理的。

165. 申请人看不懂行政许可条件，工作人员有义务进行说明吗？

我国《行政许可法》第三十条规定："行政机关应当将法律、法规、规章规定的有关行政许可的事项、依据、条件、数量、程序、期限以及需要提交的全部材料的目录和申请书示范文本等在办公场所公示。申请人要求行政机关对公示内容予以说明、解释的，行政机关应当说明、解释，提供准确、可靠的信息。"行政许可的依据、程序、期限等具有一定的专业性，即便行政许可机关已将其在公共场所公示，申请人也未必都能理解其含义。所以，在申请人看不懂相关内容询问工作人员时，工作人员有义务进行说明。

166. 申请教师资格证提交的资料不全，工作人员有义务一次性告知缺少的资料吗？

根据我国《行政许可法》第十二条的规定，提供公众服务并且直接关系公共利益的职业、行业，需要确定具备特殊信誉、特殊条件或者特殊技能等资格、资质的事项，可以设定行政许可。以及根据该法第三十二条的规定，行政机关对申请人提出的行政许可申请，申请材料不齐全或者不符合法定形式的，应当当场或者在五日内一次告知申请人需要补正的全部内容，逾期不告知的，自收到申请材料之日起即为受理。由此可知，对于需要设定行政许可的职业，申请人应该向相关部门提交资料进行申请，如果提交的资料不齐全，行政机关应当当场或者在五日内一次告知申请人需要补正的全部内容。所以，申请教师资格证提交的资料不全，工作人员有义务一次告知其缺少的资料。

167. 申请行政许可时，行政机关有权要求申请人提供无关材料吗？

我国《行政许可法》第三十一条第一款规定："申请人申请行政许可，应当如实向行政机关提交有关材料和反映真实情况，并对其申请材料实质内容的真实性负责。行政机关不得要求申请人提交与其申请的行政许可事项无关的技术资料和其他材料。"也就是说，申请行政许可时，申请人有义务如实提供资料，但对于与申请事项无关的资料，行政机关不得要求申请人提交，申请人也有权拒绝提交。

168. 申请行政许可未通过，申请人有权知道原因吗？

我国《行政许可法》第三十八条规定："申请人的申请符合法定条件、标准的，行政机关应当依法作出准予行政许可的书面决定。

行政机关依法作出不予行政许可的书面决定的，应当说明理由，并告知申请人享有依法申请行政复议或者提起行政诉讼的权利。"由此可知，对于符合申请条件、标准的行政许可，行政机关会作出准予决定，而对于不符合申请条件、标准的行政许可，行政机关在作出不予准予决定时，应该向申请人说明理由，而且告知申请人不服决定时的救济途径和方式。所以，申请行政许可未通过，申请人有权知道原因。

169. 申请营业执照获批后，会在多长时间内发证？

根据我国《行政许可法》第六条的规定，实施行政许可，应当遵循便民的原则，提高办事效率，提供优质服务。高效、便民是行政机关服务的行为准则。以及该法第四十四条规定："行政机关作出准予行政许可的决定，应当自作出决定之日起十日内向申请人颁发、送达行政许可证件，或者加贴标签、加盖检验、检测、检疫印章。"也就是说，行政机关准予行政许可的，应当在十日内向申请人发证，因此，申请营业执照获批后，会在批准之日起十日内发证。

170. 理发店申请营业执照，需要举行听证吗？

根据我国《行政许可法》第四十六条规定："法律、法规、规章规定实施行政许可应当听证的事项，或者行政机关认为需要听证的其他涉及公共利益的重大行政许可事项，行政机关应当向社会公告，并举行听证。"以及第四十七条规定："行政许可直接涉及申请人与他人之间重大利益关系的，行政机关在作出行政许可决定前，应当告知申请人、利害关系人享有要求听证的权利；申请人、利害关系人在被告知听证权利之日起五日内提出听证申请的，行政机关应当在二十日内组织听证。申请人、利害关系人不承担行政机关组织听证的费用。"由此可知，听证不是行政许可的必经程序，只有法律、法规、规章规定应当听证的事项，以及行政机关认为需要听证的其他涉及公共利益、他人重大利益的事项，才需要举行听证。而理发店申请营业执照，既不是法定的需要举办听证的事项，也不涉及公共利益以及他人重大利益，所以不需要举行听证。

171. 参加司法考试，必须要购买指定教材吗？

根据我国《行政许可法》第十二条的规定，提供公众服务并且直接关系公共利益的职业、行业，需要确定具备特殊信誉、特殊条件或者特殊技能等资格、资质的事项，可以设定行政许可。以及根据该法第五十四条的规定，实施上述事项的行政许可，赋予公民特定资格，依法应当举行国家考试的，行政机关根据考试成绩和其他法定条件作出行政许可决定。公民特定资格的考试依法由行政机关或者行业组织实施，公开举行。行政机关或者行业组织应当事先公布资格考试的报名条件、报考办法、考试科目以及考试大纲。但是，不得组织强制性的资格考试的考前培训，不得指定教材或者其他助考材料。由此可知，参加司法考试，组织机关是不得指定教材或者其他助考资料的，参加人自然也不需要购买指定教材。

172. 不转让技术就不批准，违法吗？

我国《行政许可法》第三十一条第二款规定："行政机关及其工作人员不得以转让技术作为取得行政许可的条件；不得在实施行政许可的过程中，直接或者间接地要求转让技术。"由此可见，申请人申请的行政许可中涉及技术事项的，行政机关及其工作人员不得以"不转让技术就不予批准"来牵制申请人。一旦遭遇此种情形，申请人要及时进行举报或投诉等。根据《行政许可法》第七十二条第六项的规定，行政机关及其工作人员违反法律规定，以转让技术作为取得行政许可的条件，或者在实施行政许可的过程中直接或者间接地要求转让技术的，由其上级行政机关或者监察机关责令改正；情节严重的，对直接负责的主管人员和其他直接责任人员依法给予行政处分。

173. 以贿赂方法获得广告审查批准的，会承担什么法律责任？

我国《行政许可法》第七十九条规定："被许可人以欺骗、贿赂等不正当手段取得行政许可的，行政机关应当依法给予行政处罚；取得的行政许可属于直接关系公共安全、人身健康、生命财产安全事项的，申请人在三年内不得再次申请该行政许可；构成犯罪的，依法追究刑事责任。"也就是说，通过不正当手段取得行政许可的被许可人会面临行政处罚的危险，严重的还可能构成犯罪，被追究刑事责任。根据我国《广告法》第六十五条的规定，以欺骗、贿赂等不正当手段取得广告审查批准的，广告审查机关予以撤销，处十万元以上二十万元以下的罚款,三年内不受理该申请人的广告审查申请。由此可知,以贿赂方法获得广告审查批准的,会面临被撤销行政许可、罚款以及三年内不得申请的处罚。

174. 因政策变更导致行政许可被撤回,企业的损失该怎么办?

我国《行政许可法》第八条规定:"公民、法人或者其他组织依法取得的行政许可受法律保护,行政机关不得擅自改变已经生效的行政许可。行政许可所依据的法律、法规、规章修改或者废止,或者准予行政许可所依据的客观情况发生重大变化的,为了公共利益的需要,行政机关可以依法变更或者撤回已经生效的行政许可。由此给公民、法人或者其他组织造成财产损失的,行政机关应当依法给予补偿。"也就是说,已取得的行政许可,可以因法律、法规、规章修改或者废止,或者准予行政许可所依据的客观情况发生重大变化等原因被变更或者撤回。但是,如果是合法取得的行政许可,会受到法律保护,在行政机关变更或者撤回行政许可时,会给予受到损失的被许可人补偿。因此,因政策变更导致行政许可被撤回,企业的损失应当由行政机关依法给予补偿。

175. 碍于情面将自己的烟草专卖许可证借给他人,违法吗?

根据我国《行政许可法》第八十条的规定,被许可人涂改、倒卖、出租、出借行政许可证件,或者以其他形式非法转让行政许可的,行政机关应当依法给予行政处罚;构成犯罪的,依法追究刑事责任。也就是说,出借行政许可证的行为是违反行政许可法规定的,被许可人会依法受到行政处罚或者刑事处罚。所以，碍于情面将自己的烟草专卖许可证借给他人是违法的。

176. 申请行政许可后，多长时间会有结果？

我国《行政许可法》第四十二条第一款规定："除可以当场作出行政许可决定的外，行政机关应当自受理行政许可申请之日起二十日内作出行政许可决定。二十日内不能作出决定的，经本行政机关负责人批准，可以延长十日，并应当将延长期限的理由告知申请人。但是，法律、法规另有规定的，依照其规定。"也就是说，行政许可根据申请事项不同，有的是当场出结果，有的是自申请之日起二十日内出结果，特殊情况下，二十日内不能出结果的，会延长十日，最多三十日。

177. 行政机关实施行政许可是收费的，还是免费的？

我国《行政许可法》第五十八条规定："行政机关实施行政许可和对行政许可事项进行监督检查，不得收取任何费用。但是，法律、行政法规另有规定的，依照其规定。行政机关提供行政许可申请书格式文本，不得收费。行政机关实施行政许可所需经费应当列入本行政机关的预算，由本级财政予以保障，按照批准的预算予以核拨。"以及该法第五十九条规定："行政机关实施行政许可，依照法律、行政法规收取费用的，应当按照公布的法定项目和标准收费；所收取的费用必须全部上缴国库，任何机关或者个人不得以任何形式截留、挪用、私分或者变相私分。财政部门不得以任何形式向行政机关返还或者变相返还实施行政许可所收取的费用。"由此可知，一般情况下，行政许可是免费的，申请人不需要缴纳费用。只有法律特别规定需要收费的行政许可，行政机关实施时，才可以要求申请人缴费，且收取的费用需要依法上缴国库。所以，行政机关实施行政许可是收费还是免费，取决于申请的事项，如果申请的事项不是法律规定要收取费用的，那么行政机关实施许可时就是免费的。

三、行政强制

178. 行政强制执行是否存在时间限制？

根据我国《行政强制法》第四十三条第一款的规定，行政机关不得在夜间或者法定节假日实施行政强制执行。但是，情况紧急的除外。由此可见，行政机关实施行政强制执行存在时间限制，即不得在夜间或者法定节假日实施。当然，如果遇有情况紧急的时候，不受上述限制。

179. 实施行政强制措施时，对执法人员是否存在人数要求？

根据我国《行政强制法》第十八条的规定，行政机关实施行政强制措施应当遵守下列规定：（一）实施前须向行政机关负责人报告并经批准；（二）由两名以上行政执法人员实施；（三）出示执法身份证件……由此可见，行政机关在实施行政强制措施时，需要有两名以上的执法人员实施，并出示身份证件，这样可以避免一人执法滥用职权而损害当事人权益。

180. 行政强制执行前如何催告？

根据我国《行政强制法》第三十五条的规定，行政机关作出强制执行决定前，应当事先催告当事人履行义务。催告应当以书面形式作出，并载明下列事项：（一）履行义务的期限；（二）履行义务的方式；（三）涉及金钱给付的，应当有明确的金额和给付方式；（四）当事人依法享有的陈述权和申辩权。由此可见，行政机关在实施行政强制执行前，必须以书面形式先行催告当事人履行义务，催告书上应当载明法律规定的相应内容。只有经催告后，当事人无正当理由仍不履行义务时，行政机关才可以作出强制执行决定。

181. 催告后，如果当事人转移财产，行政机关可以采取什么措施？

根据我国《行政强制法》第三十七条第一款、第三款的规定，经催告，当事人逾期仍不履行行政决定，且无正当理由的，行政机关可以作出强制执行决定。在催告期间，对有证据证明有转移或者隐匿财物迹象的，行政机关可以作出立即强制执行决定。由此可见，行政机关作出执行决定后，当事人应当及时履行行政决定。如果在催告期间，当事人拒不履行行政决定，还肆意转移、隐匿财物的，行政机关可以作出立即强制执行的决定。

182. 代履行的含义和程序是什么？

根据我国《行政强制法》第五十条、第五十一条的规定，行政机关依法作出要求当事人履行排除妨碍、恢复原状等义务的行政决定，当事人逾期不履行，经催告仍不履行，其后果已经或者将危害交通安全、造成环境污染或者破坏自然资源的，行政机关可以代履行，或者委托没有利害关系的第三人代履行。代履行应当遵守下列规定：（一）代履行前送达决定书，代履行决定书应当载明当事人的姓名或者名称、地址，代履行的理由和依据、方式和时间、标的、费用预算以及代履行人；（二）代履行三日前，催告当事人履行，当事人履行的，停止代履行；（三）代履行时，作出决定的行政机关应当派员到场监督；（四）代履行完毕，行政机关到场监督的工作人员、代履行人和当事人或者见证人应当在执行文书上签名或者盖章。代履行的费用按照成本合理确定，由当事人承担。同时，该法第五十二条规定："需要立即清除道路、河道、航道或者公共场所的遗洒物、障碍物或者污染物，当事人不能清除的，行政机关可以决定立即实施代履行；当事人不在场的，行政机关应当在事后立即通知当事人，并依法作出处理。"由此可见，当义务人逾期不履行行政法律义务时，行政机关可以自己或者委托没有利害关系的第三人代替义务人履行义务，这就是代履行。同时，代履行需要遵守《行政强制法》第五十一条和第五十二条的规定，严格按照法定程序履行告知和代履行行为。

183. 法院可以行政强制执行吗?

我国《行政强制法》第五十三条规定:"当事人在法定期限内不申请行政复议或者提起行政诉讼,又不履行行政决定的,没有行政强制执行权的行政机关可以自期限届满之日起三个月内,依照本章规定申请人民法院强制执行。"由此可见,人民法院在收到行政机关的申请后,可以依法行使强制执行权力。同时,根据该法第五十四条的规定,行政机关申请人民法院强制执行前,应当催告当事人履行义务。催告书送达十日后当事人仍未履行义务的,行政机关可以向所在地有管辖权的人民法院申请强制执行;执行对象是不动产的,向不动产所在地有管辖权的人民法院申请强制执行。由此可见,人民法院行使行政强制权有着严格的限制,即行政机关没有强制执行权,经催告后,当事人仍不履行义务的,没有行政强制执行权的行政机关向相应的法院申请强制执行,此时,人民法院才可以启动行政强制执行程序。

184. 谁来承担法院强制执行所需的费用?

我国《行政强制法》第六十条规定:"行政机关申请人民法院强制执行,不缴纳申请费。强制执行的费用由被执行人承担。人民法院以划拨、拍卖方式强制执行的,可以在划拨、拍卖后将强制执行的费用扣除。依法拍卖财物,由人民法院委托拍卖机构依照《中华人民共和国拍卖法》的规定办理。划拨的存款、汇款以及拍卖和依法处理所得的款项应当上缴国库或者划入财政专户,不得以任何形式截留、私分或者变相私分。"由此可见,法院强制执行所需的费用由被执行人承担。以划拨、拍卖方式强制执行的,可以在所得款项中直接扣除强制执行的费用。

185. 行政机关查封、扣押的范围包括哪些?

我国《行政强制法》第二十三条第一款规定:"查封、扣押限于涉案的场所、设施或者财物,不得查封、扣押与违法行为无关的场所、设施或者财物;不得查封、扣押公民个人及其所扶养家属的生活必需品。"由此可见,行政机关查封、扣押的范围只限于与案件相关的场所、设施或者财物,与案件无关的不可查封、扣押,并且不得查封、扣押公民个人及其所扶养家属的生活必需品,如必需房屋、必需家具等。

186. 行政机关扣押的财产毁损灭失的,应当由谁赔偿?

我国《行政强制法》第二十六条规定:"对查封、扣押的场所、设施或者财物,行政机关应当妥善保管,不得使用或者损毁;造成损失的,应当承担赔偿责任。对查封的场所、设施或者财物,行政机关可以委托第三人保管,第三人不得损毁或者擅自转移、处置。因第三人的原因造成的损失,行政机关先行赔付后,有权向第三人追偿。因查封、扣押发生的保管费用由行政机关承担。"由此可见,行政机关对于查封、扣押的财产有妥善保管的义务,应当对毁损灭失的财产承担赔偿责任。即使是交由第三人保管后,因第三人的原因造成损失的,也应当由行政机关先行赔付,之后再向第三人追偿。

187. 行政机关可以重复查封其他行政机关已经查封了的对象吗？

根据《行政强制法》第二十三条第二款的规定，当事人的场所、设施或者财物已被其他国家机关依法查封的，不得重复查封。由此可见，即便行政机关有相应的查封权限，但也不能重复查封已被依法查封的对象。

188. 行政机关对于违法建筑强制拆除和罚款的注意事项有哪些？

我国《行政强制法》第四十四条规定："对违法的建筑物、构筑物、设施等需要强制拆除的，应当由行政机关予以公告，限期当事人自行拆除。当事人在法定期限内不申请行政复议或者提起行政诉讼，又不拆除的，行政机关可以依法强制拆除。"该法第四十五条规定："行政机关依法作出金钱给付义务的行政决定，当事人逾期不履行的，行政机关可以依法加处罚款或者滞纳金。加处罚款或者滞纳金的标准应当告知当事人。加处罚款或者滞纳金的数额不得超出金钱给付义务的数额。"由此可见，行政机关在强制执行之前，应当先告知当事人在期限内自行拆除，当事人不复议或诉讼又不履行拆除义务的，行政机关才可以强制拆除。同时，对于当事人限期不缴纳行政机关罚款的，行政机关可以加处罚款和滞纳金，同时告知当事人相应的加处标准。

189. 何种情形下，行政机关需要中止行政强制执行？

我国《行政强制法》第三十九条规定："有下列情形之一

的,中止执行:(一)当事人履行行政决定确有困难或者暂无履行能力的;(二)第三人对执行标的主张权利,确有理由的;(三)执行可能造成难以弥补的损失,且中止执行不损害公共利益的;(四)行政机关认为需要中止执行的其他情形。中止执行的情形消失后,行政机关应当恢复执行。对没有明显社会危害,当事人确无能力履行,中止执行满三年未恢复执行的,行政机关不再执行。"由此可见,虽然行政机关采取强制执行时,在原则上不能随意停止,但为了保护当事人利益、第三人利益和公共利益,行政机关在上述情况下可以中止行政强制执行。同时,在法定情形消失后,应当恢复执行。

190. 何种情形下,行政机关需要终结行政强制执行?

我国《行政强制法》第四十条规定:"有下列情形之一的,终结执行:(一)公民死亡,无遗产可供执行,又无义务承受人的;(二)法人或者其他组织终止,无财产可供执行,又无义务承受人的;(三)执行标的灭失的;(四)据以执行的行政决定被撤销的;(五)行政机关认为需要终结执行的其他情形。"由此可见,行政机关在采取强制执行措施时,遇到上述特定法定事由,导致强制执行无法继续进行的,行政机关可以终结执行程序。在终结执行后,不得再恢复执行。

191. 行政机关可以采取停水停电的方式强迫当事人履行义务吗?

我国《行政强制法》第四十三条第二款规定:"行政机关不得

对居民生活采取停止供水、供电、供热、供燃气等方式迫使当事人履行相关行政决定。"由此可见,行政机关不得因当事人未履行义务而影响当事人的正常生活,不得采取停止供水、供电、供热、供燃气等方式迫使当事人履行相关行政决定。

四、治安管理处罚

192. 十四岁的孩子会受到治安管理处罚吗?

我国《治安管理处罚法》第十二条规定:"已满十四周岁不满十八周岁的人违反治安管理的,从轻或者减轻处罚;不满十四周岁的人违反治安管理的,不予处罚,但是应当责令其监护人严加管教。"根据该规定可知,已满十四周岁不满十八周岁的未成年人违反治安管理的,需要承担相应的行政责任。同时需要注意的是,虽然这个年龄阶段的未成年人已经具有一定的辨认能力,但是心智尚未完全成熟,所以其面临的处罚是某一处罚幅度内较轻或最轻的一种。

193. "喝醉了"能成为免除治安管理处罚的理由吗?

我国《治安管理处罚法》第十五条规定:"醉酒的人违反治安管理的,应当给予处罚。醉酒的人在醉酒状态中,对本人有危险或者对他人的人身、财产或者公共安全有威胁的,应当对其采取保护性措施约束至酒醒。"根据该规定可知,醉酒的人违反了治安管理,也会依法受到处罚。也就是说,"喝醉了"是不能成为免除治安管理处罚理由的。如果喝醉酒的人在酒后有暴力伤人、破坏他人财产等行为的,相关人员可以报警处理。警方将会依法对其采取约束性措施,并对其予以治安管理处罚。

194. 举办大型群众性活动时发生事故,谁来承担责任?

我国《治安管理处罚法》第三十八条规定:"举办文化、体育等大型群众性活动,违反有关规定,有发生安全事故危险的,责令停止活动,立即疏散;对组织者处五日以上十日以下拘留,并处二百元以上五百元以下罚款;情节较轻的,处五日以下拘留或者五百元以下罚款。"举办大型晚会,安全是首要问题。稍有不慎很有可能发生不可挽回的损失,因此组织者应做好一切准备工作,排除发生安全事故危险的一切可能性,做到防患于未然。根据上述法律规定可知,举办大型群众性活动时发生事故或有发生事故危险的,组织者要承担相应的治安管理责任。

195. 精神病人致他人受伤的,是否要接受治安管理处罚?

为了维护精神病人的人格尊严与合法权益,我国法律不仅要求对精神病人的工作和生活予以妥善的照顾,而且还对精神病人有"区别对待"。我国《治安管理处罚法》第十三条明确规定,精神病人在不能辨认或者不能控制自己行为的时候违反治安管理的,不予处罚,但是应当责令其监护人严加看管和治疗。间歇性的精神病人在精神正常的时候违反治安管理的,应当给予处罚。也就是说,给不给予治安管理处罚,取决于精神病人实施行为当时是否能够辨认或控制自己的行为。比如,有些精神病人是间歇性发作的,如果其在不发病的时候违反治安管理,那么就要承担责任。需要注意的是,精神病人由于无法控制自己,有时候可能会给他人和社会带来一定的危害,其监护人应该对其严加看管并给予必要的治疗。

196. 被胁迫违反治安管理的,可以免予处罚吗?

我国《治安管理处罚法》第十九条规定:"违反治安管理有下列情形之一的,减轻处罚或者不予处罚:(一)情节特别轻微的;(二)主动消除或者减轻违法后果,并取得被侵害人谅解的;(三)出于他人胁迫或者诱骗的;(四)主动投案,向公安机关如实陈述自己的违法行为的;(五)有立功表现的。"根据该规定第三项可知,出于他人胁迫或者诱骗而违反治安管理的,属于减轻处罚或不予处罚的法定情形。这是因为在受胁迫或受诱骗的情况下,行为人的主观恶性比较小,所以可以减轻或不予处罚。但是,行为人具体将被如何处罚,需要根据具体情况确定。因此,并非所有的因受胁迫而违反治安管理的行为都可以免予处罚。

197. 教唆他人违反治安管理,会不会遭受处罚?

我国《治安管理处罚法》第二十条规定:"违反治安管理有下列情形之一的,从重处罚:(一)有较严重后果的;(二)教唆、胁迫、诱骗他人违反治安管理的;(三)对报案人、控告人、举报人、证人打击报复的;(四)六个月内曾受过治安管理处罚的。"由此可见，教唆他人违反治安管理，不仅会依法遭受处罚，还会被加重处罚。这是因为教唆人不仅自己有违反治安管理的故意，还教唆没有违反治安管理的故意的人去做违反治安管理的事，主观恶性太大，必须从重处罚。

198. 七十岁以上的老人强拿硬要公私财物的，不能拘留吗？

我国《治安管理处罚法》第二十六条规定："有下列行为之一的，处五日以上十日以下拘留，可以并处五百元以下罚款；情节较重的，处十日以上十五日以下拘留，可以并处一千元以下罚款：（一）结伙斗殴的；（二）追逐、拦截他人的；（三）强拿硬要或者任意损毁、占用公私财物的；（四）其他寻衅滋事行为。"根据该规定可知，强拿硬要公私财物的，至少面临着行政拘留的处罚。同时，该法第二十一条规定："违反治安管理行为人有下列情形之一，依照本法应当给予行政拘留处罚的，不执行行政拘留处罚：（一）已满十四周岁不满十六周岁的；（二）已满十六周岁不满十八周岁，初次违反治安管理的；（三）七十周岁以上的；（四）怀孕或者哺乳自己不满一周岁婴儿的。"由此可见，对于七十周岁以上的人，法律给予了特殊保护：即使其违反了治安管理，需要被给予行政拘留的处罚，也不必执行。因此，七十周岁以上的人强拿硬要公私财物的，应当依法予以处罚，有关部门仍然会依法出具给予行政拘留的处罚决定书，只是不予以执行。

199. 散布疫情谣言的，可能受到怎样的治安管理处罚？

我国《治安管理处罚法》第二十五条规定："有下列行为之一的，处五日以上十日以下拘留，可以并处五百元以下罚款；情节较轻的，处五日以下拘留或者五百元以下罚款：（一）散布谣言，谎报险情、疫情、警情或者以其他方法故意扰乱公共秩序的；（二）投放虚假的爆炸性、毒害性、放射性、腐蚀性物质或者传染病病原体等危险物质扰乱公共秩序的；（三）扬言实施放火、爆炸、投放危险物质扰乱公共秩序的。"据此可知，散布疫情谣言的行为违反了《治安管理处罚法》，面临着五日以上十日以下的行政拘留，同时可能还会被处以五百元以下的罚款。如果情节较轻的话，则面临着五日以下的行政拘留或者五百元以下的罚款处罚。

200. 对于地铁上的"咸猪手"，应该给予怎样的处罚？

我国《治安管理处罚法》第四十四条规定："猥亵他人的，或者在公共场所故意裸露身体，情节恶劣的，处五日以上十日以下拘留；猥亵智力残疾人、精神病人、不满十四周岁的人或者有其他严重情节的，处十日以上十五日以下拘留。"所谓"猥亵他人"，就是指行为人违背他人意愿，实施正常性接触之外的可以满足其性欲的行为，例如违背他人意愿偷摸他人身体、指奸等。"咸猪手"也是猥亵他人的行为之一，根据法律规定，对于地铁上的"咸猪手"，应当依法给予五日以上十日以下的行政拘留处罚。如果行为人"咸猪手"的对象是智力残疾人、精神病人、不满十四周岁的人或者行为人存在其他严重情节的,应当依法处以十日以上十五日以下的行政拘留。

201. 寻衅滋事不构成犯罪的,会受到怎样的治安管理处罚?

我国《治安管理处罚法》第二十六条规定:"有下列行为之一的,处五日以上十日以下拘留,可以并处五百元以下罚款;情节较重的,处十日以上十五日以下拘留,可以并处一千元以下罚款:(一)结伙斗殴的;(二)追逐、拦截他人的;(三)强拿硬要或者任意损毁、占用公私财物的;(四)其他寻衅滋事行为。"由此可见,寻衅滋事无论情节轻重,都是违反《治安管理处罚法》的。若寻衅滋事情节较轻,不构成犯罪,不会被追究刑事责任,但是将被追究行政责任,一般为五日以上十日以下拘留,同时可能会被处以五百元以下罚款;若情节较重的话,则将面临十日以上十五日以下拘留,同时可能会被处以一千元以下罚款。

202. 冒领他人信件,会受到治安管理处罚吗?

我国《宪法》第四十条规定:"中华人民共和国公民的通信自由和通信秘密受法律的保护。除因国家安全或者追查刑事犯罪的需要,由公安机关或者检察机关依照法律规定的程序对通信进行检查外,任何组织或者个人不得以任何理由侵犯公民的通信自由和通信秘密。"据此可知,每个中国公民都享有通信自由权和通信秘密权,任何组织、任何个人不得侵犯。对侵犯他人通信秘密的,我国《治安管理处罚法》第四十八条规定:"冒领、隐匿、毁弃、私自开拆或者非法检查他人邮件的,处五日以下拘留或者五百元以下罚款。"根据该规定可知,冒领他人信件的行为应当受到治安管理处罚,一般是五日以下拘留,或者是二百元以下的罚款处罚。

203. 在名胜古迹上刻字,会受到怎样的治安管理处罚?

我国《治安管理处罚法》第六十三条规定:"有下列行为之一的,处警告或者二百元以下罚款;情节较重的,处五日以上十日以下拘留,并处二百元以上五百元以下罚款:(一)刻划、涂污或者以其他方式故意损坏国家保护的文物、名胜古迹的;(二)违反国家规定,在文物保护单位附近进行爆破、挖掘等活动,危及文物安全的。"在名胜古迹上刻字的行为属于以刻划的方式故意损害国家保护的名胜古迹。根据前述规定,若情节一般的,行为人将受到警告或者二百元以下的罚款处罚;若情节严重的,行为人将受到五日以上十日以下拘留的处罚,还会被处以二百元以上五百元以下的罚款。

204. 卖淫嫖娼的,会受到怎样的治安处罚?

我国《治安管理处罚法》第六十六条规定:"卖淫、嫖娼的,处十日以上十五日以下拘留,可以并处五千元以下罚款;情节较轻的,处五日以下拘留或者五百元以下罚款。在公共场所拉客招嫖的,处五日以下拘留或者五百元以下罚款。"由此可见,行为人实施卖淫、嫖娼行为,若情节一般的,将受到十日以上十五日以下拘留的处罚,同时,可能会被处以五千元以下的罚款;若情节较轻的,将受到五日以下拘留，或者是五百元以下的罚款。同时，如果在公共场所拉客、招嫖客的，也会受到五日以下拘留或者是五百元以下的罚款处罚。

205. 介绍卖淫的，会受到怎样的治安处罚？

我国《治安管理处罚法》第六十七条规定："引诱、容留、介绍他人卖淫的，处十日以上十五日以下拘留，可以并处五千元以下罚款；情节较轻的，处五日以下拘留或者五百元以下罚款。"根据该规定可知，介绍他人卖淫的行为人，将受到十日以上十五日以下拘留的治安处罚，同时可能会被处以五千元以下的罚款。如果行为情节较轻的，将受到五日以下拘留或者五百元以下的罚款处罚。

206. 遛狗不拴绳子，会受到治安管理处罚吗？

我国《治安管理处罚法》第七十五条规定："饲养动物，干扰他人正常生活的，处警告；警告后不改正的，或者放任动物恐吓他人的，处二百元以上五百元以下罚款。驱使动物伤害他人的，依照本法第四十三条第一款的规定处罚。"由此可见，饲养人饲养动物时不能影响他人的正常生活，否则就违反了《治安管理处罚法》的规定，将会受到警告等治安处罚。遛狗不拴绳子可能会使怕狗人士产生恐惧，甚至可能会伤害到他人，因此，此种行为是有可能会受到警告的治安处罚的。如果行为人被警告之后仍然不改正，行为人具有一定的主观恶性，将受到二百元以上五百元以下的罚款处罚。

207. 变卖被扣押的设备，将承担什么法律责任？

变卖被扣押财产或物品的行为是我国法律所禁止的。根据我国《治安管理处罚法》第六十条的规定，有隐藏、转移、变卖或者损毁行政执法机关依法扣押、查封、冻结的财物的，处五日以上十日以下拘留，并处二百元以上五百元以下罚款。由此可见，变卖被扣押的设备，将承担拘留和罚款的治安管理责任。

208. 强买强卖行为会被治安管理处罚吗？

强买强卖是指在商品交易中，以暴力、威胁手段强买强卖商品、强迫他人提供服务或者强迫他人接受服务的行为。强买强卖行为违反了交易自由原则，违背了交易一方的意愿，法律为了确保交易的双方在交易中的自由和平等，制定了相应的规定。根据我国《治安管理处罚法》第四十六条的规定可知，强买强卖商品，强迫他人提供服务或者强迫他人接受服务的，处五日以上十日以下拘留，并处二百元以上五百元以下罚款；情节较轻的，处五日以下拘留或者五百元以下罚款。也就是说，对于强迫交易行为可以进行治安管理处罚。

209. 出租人出租房屋时未登记承租者的身份证，其行为会受到治安管理处罚吗？

为加强租赁房屋的治安管理，做好安全防范，保护租赁双方的合法权益，我国《治安管理处罚法》第五十七条第一款对房屋出租人的治安责任进行了规定，房屋出租人将房屋出租给无身份证件的人居住的，或者不按规定登记承租人姓名、身份证件种类和号码的，处二百元以上五百元以下罚款。由此可见，公民在将房屋进行出租的时候，要对承租人的身份进行登记，否则要受到相应的治安管理处罚。法律之所以如此规定是为了防止承租人利用承租房屋进行违法犯罪活动，尤其是在外来流动人口很多的大、中城市，对承租人进行身份登记有助于治安管理。

210. 制造出扰民的噪声会受到治安管理处罚吗？

噪音是一类引起人烦躁或因音量过强而危害人体健康的声音。噪音会危害到人类的生活安宁，进而影响人的身心健康。我国《治安管理处罚法》第五十八条规定："违反关于社会生活噪声污染防治的法律规定，制造噪声干扰他人正常生活的，处警告；警告后不改正的，处二百元以上五百元以下罚款。"据此可知，制造噪声干扰他人正常生活的，也要受到治安管理的处罚。

211. 公安机关接到报案后以"忙"为借口加以推脱，合理吗？

我国《治安管理处罚法》第七十七条规定："公安机关对报案、控告、举报或者违反治安管理行为人主动投案，以及其他行政主管部门、司法机关移送的违反治安管理案件，应当及时受理，并进行登记。"可见，公安机关接到报案后应当及时受理，并进行登记，不能加以推脱。此外，该法第七十八条还规定了,公安机关受理报案、控告、举报、投案后，认为属于违反治安管理行为的，应当立即进行调查；认为不属于违反治安管理行为的，应当告知报案人、控告人、举报人、投案人，并说明理由。由此可知，公安机关接到报案后以"忙"为借口加以推脱，这种做法是不合理的，属于违法行为。

212. 办理治安管理案件的民警在什么情况下应当回避？

我国《治安管理处罚法》第八十一条规定："人民警察在办理治安案件过程中，遇有下列情形之一的，应当回避；违反治安管理行为人、被侵害人或者其法定代理人也有权要求他们回避：（一）是本案当事人或者当事人的近亲属的；（二）本人或者其近亲属与本案有利害关系的；（三）与本案当事人有其他关系，可能影响案件公正处理的。人民警察的回避，由其所属的公安机关决定；公安机关负责人的回避，由上一级公安机关决定。"由此可见，办理治安管理案件的民警在遇到上述法律规定的几种情形时，应当回避。当然，违反治安管理行为人、被侵害人或者其法定代理人也有权要求他们回避。

213. 可以对违反治安管理的案件进行调解吗？

根据《治安管理处罚法》第九条的规定可知，对于因民间纠纷引起的打架斗殴或者损毁他人财物等违反治安管理行为，情节较轻的，公安机关可以调解处理。经公安机关调解，当事人达成协议的，不予处罚。经调解未达成协议或者达成协议后不履行的，公安机关应当依照本法的规定对违反治安管理行为人给予处罚，并告知当事人可以就民事争议依法向人民法院提起民事诉讼。也就是说，公安机关可以对因民间纠纷引起的违反治安管理行为进行调解。

214. 派出所民警有权直接作出行政拘留的决定吗?

我国《治安管理处罚法》第九十一条规定:"治安管理处罚由县级以上人民政府公安机关决定;其中警告、五百元以下的罚款可以由公安派出所决定。"可见,派出所警察也可以作出治安管理处罚决定,但是只能是警告,或者是五百元以下的罚款,不能超出这个范围,否则就是越权;其他的治安管理处罚由县级以上的公安机关作出。其实派出所作为公安机关的派出机构,其权限要小得多,除非法律的授权,否则不能以自己的名义对其行为负责。

215. 公安人员当场作出治安管理行政处罚的行为,合法吗?

我国《治安管理处罚法》第一百条规定:"违反治安管理行为事实清楚,证据确凿,处警告或者二百元以下罚款的,可以当场作出治安管理处罚决定。"由此可见,公安人员当场作出治安管理行政处罚的行为,在同时具备"事实清楚,证据确凿,处警告或者二百元以下罚款"这些条件时,是合法的。

216. 行政拘留暂缓执行需要符合怎样的条件?

行政拘留是指公安机关依法对违反行政法律规范的人,在短期内限制其人身自由的一种行政处罚。我国《治安管理处罚法》第一百零七条规定:"被处罚人不服行政拘留处罚决定,申请行政复议、提起行政诉讼的,可以向公安机关提出暂缓执行行政拘留的申请。公安机关认为暂缓执行行政拘留不致发生社会危险的，由被处罚人或者其近亲属提出符合本法第一百零八条规定条件的担保人，或者按每日行政拘留二百元的标准交纳保证金，行政拘留的处罚决定暂缓执行。"

由此可知，行政拘留暂缓执行需要符合三个条件：（一）被处罚人对拘留决定不服而提出暂缓执行的申请，并且已经向行政机关申请行政复议，或者向法院提起行政诉讼；（二）公安机关认为暂缓执行没有社会危险性；（三）需提供符合条件的保证人或缴纳符合条件的保证金。

第四章 经济与社会法律问答

一、消费者权益保护

217. 消费者可以通过哪些途径维护自己的权利?

我国《消费者权益保护法》第三十九条规定:"消费者和经营者发生消费者权益争议的,可以通过下列途径解决:(一)与经营者协商和解;(二)请求消费者协会或者依法成立的其他调解组织调解;(三)向有关行政部门投诉;(四)根据与经营者达成的仲裁协议提请仲裁机构仲裁;(五)向人民法院提起诉讼。"因此,消费者的合法权益受到侵害时,其可以选择前面法律规定的五种方式进行解决。

218. 消费者网购的商品被他人代收,导致自己未收到货,造成的损失谁来承担?

我国《电子商务法》第五十二条第一款规定:"电子商务当事人可以约定采用快递物流方式交付商品。"该条第二款规定:"快递物流服务提供者为电子商务提供快递物流服务，应当遵守法律、行政法规，并应当符合承诺的服务规范和时限。快递物流服务提供者在交付商品时，应当提示收货人当面查验；交由他人代收的，应当经收货人同意。"由此可知，快递物流服务者在交付货物时，必须由收货人当面验收，由他人代收时，必须要经过收货人本人的同意。当消费者的货物被他人代收导致其未收到货物时，造成的损失应当由快递服务者承担。

219. 超市涂抹掉促销商品的保质期，这种做法合法吗？

我国《消费者权益保护法》第八条规定："消费者享有知悉其购买、使用的商品或者接受的服务的真实情况的权利。消费者有权根据商品或者服务的不同情况，要求经营者提供商品的价格、产地、生产者、用途、性能、规格、等级、主要成分、生产日期、有效期限、检验合格证明、使用方法说明书、售后服务，或者服务的内容、规格、费用等有关情况。"同时，该法第二十条第一款也规定："经营者向消费者提供有关商品或者服务的质量、性能、用途、有效期限等信息，应当真实、全面，不得作虚假或者引人误解的宣传。"据此可知，消费者对其所购买的商品享有知悉权，经营者应当真实、全面地向消费者提供商品或服务的相关信息。超市涂抹掉促销商品的保质期，其行为是违法的，侵害了消费者对商品详细信息的知情权。

220. 商场能将过期的食品进行特价销售吗？

我国《食品安全法》第三十四条规定："禁止生产经营下列食

品、食品添加剂、食品相关产品……（三）用超过保质期的食品原料、食品添加剂生产的食品、食品添加剂……"同时，《零售商促销行为管理办法》第十二条规定："零售商开展促销活动，不得降低促销商品（包括有奖销售的奖品、赠品）的质量和售后服务水平，不得将质量不合格的物品作为奖品、赠品。"据此可知，商场不能销售过期食品，即使是特价的食品，也必须保证质量。

221. 商家需要对赠品承担质量保障责任吗？

我国《消费者权益保护法》第二十三条第一款规定："经营者应当保证在正常使用商品或者接受服务的情况下其提供的商品或者服务应当具有的质量、性能、用途和有效期限；但消费者在购买该商品或者接受该服务前已经知道其存在瑕疵，且存在该瑕疵不违反法律强制性规定的除外。"同时，《零售商促销行为管理办法》第十二条规定："零售商开展促销活动，不得降低促销商品（包括有奖销售的奖品、赠品）的质量和售后服务水平，不得将质量不合格的物品作为奖品、赠品。"据此可知，商家必须要保障其所出售的商品的质量，即便是赠品也要保障商品的质量符合要求。

222. 商家出售的商品为以旧翻新的商品时，要承担什么责任？

我国《消费者权益保护法》第八条第一款规定："消费者享有知悉其购买、使用的商品或者接受的服务的真实情况的权利。"同时，该法第五十五条第一款还规定："经营者提供商品或者服务有欺诈行为的，应当按照消费者的要求增加赔偿其受到的损失，增加赔偿的金额为消费者购买商品的价款或者接受服务的费用的三倍；增加赔偿的金额不足五百元的，为五百元。法律另有规定的，依照其规定。"由此可见，消费者对所购买的商品相关信息享有知情权。商家将翻新商品作为新品出售，属于欺诈行为，消费者可以按照《消费者权益保护法》第五十五条的规定要求其进行赔偿。

223. 商场能否以物品打折为由拒绝开发票？

我国《发票管理办法》第十九条规定："销售商品、提供服务以及从事其他经营活动的单位和个人，对外发生经营业务收取款项，收款方应当向付款方开具发票；特殊情况下，由付款方向收款方开具发票。"据此可知，为消费者开具发票，提供相关的消费凭证，是商家的法定义务。对于商家来说，无论是正价商品，还是打折处理的商品，商家都必须提供发票，不得以任何理由拒绝。

224. 消费者购买的商品出现质量问题，商家能否以消费者未检验货物为由拒绝承担责任？

我国《部分商品修理更换退货责任规定》第五条规定："销售者应当履行下列义务：……（四）产品出售时，应当开箱检验，正确调试，介绍使用维护事项、三包方式及修理单位，提供有效发票和三包凭证……"同时，《消费者权益保护法》第二十三条第一款和第二款规定："经营者应当保证在正常使用商品或者接受服务的情况下其提供的商品或者服务应当具有的质量、性能、用途和有效期限；但消费者在购买该商品或者接受该服务前已经知道其存在瑕疵,且存在该瑕疵不违反法律强制性规定的除外。经营者以广告、产品说明、实物样品或者其他方式表明商品或者服务的质量状况的,应当保证其提供的商品或者服务的实际质量与表明的质量状况相符。"据此可知,在销售商品时,消费者负有开箱验货的义务。但是,经营者也应当保证商品的质量,无论消费者是否进行验货,商品存在质量问题时,经营者都应当承担责任。

225. 旅行社未经游客允许,擅自在旅游行程中安排购物的,游客可采取什么方式维权?

我国《旅游法》第三十五条规定:"旅行社不得以不合理的低价组织旅游活动,诱骗旅游者,并通过安排购物或者另行付费旅游项目获取回扣等不正当利益……发生违反前两款规定情形的,旅游者有权在旅游行程结束后三十日内,要求旅行社为其办理退货并先行垫付退货货款,或者退还另行付费旅游项目的费用。"第九十八条规定:"旅行社违反本法第三十五条规定的,由旅游主管部门责令改正,没收违法所得,责令停业整顿,并处三万元以上三十万元以下罚款……"由此可见,旅行社未经游客允许,擅自在旅游行程中安排购物的,游客可以在旅游行程结束后的三十日内,要求旅行社办理退货并且垫付退货货款。必要时,游客还可以向旅游主管部门进行举报。

226. 旅行社发布虚假广告,游客应如何维权?

我国《旅游法》第三十二条规定:"旅行社为招徕、组织旅游者发布信息，必须真实、准确，不得进行虚假宣传，误导旅游者。"该法第七十条规定："旅行社不履行包价旅游合同义务或者履行合同义务不符合约定的，应当依法承担继续履行、采取补救措施或者赔偿损失等违约责任……"因此，当旅行社的广告存在虚假宣传时，即旅行社履行合同义务不符合约定时，旅游者可以要求旅行社承担按照广告宣传的内容继续履行合同义务、采取补救措施或者赔偿损失等违约责任。必要时，游客也可以向旅游主管部门进行举报。

227. 不具备相应资质的旅行社，能够通过网络营业吗？

我国《旅游法》第四十八条规定："通过网络经营旅行社业务的，应当依法取得旅行社业务经营许可，并在其网站主页的显著位置标明其业务经营许可证信息。发布旅游经营信息的网站，应当保证其信息真实、准确。"由此可见，设立旅行社需要具备一定的资质、取得许可并办理登记才可以，在网络上经营旅行社业务的，还需要在网站主页的显著位置标明其业务经营许可证信息，如果旅行社未取得相应资质就经营旅行社业务的，旅游主管部门可以责令改正、没收违法所得并对其处以罚款。

228. 游客未按照景区标识和导游带领的正常路线爬山导致受伤，能要求旅行社、景区管理者赔偿吗？

我国《旅游法》第八十条规定："旅游经营者应当就旅游活动中的下列事项，以明示的方式事先向旅游者作出说明或者警示：（一）正确使用相关设施、设备的方法；（二）必要的安全防范和应急措施；（三）未向旅游者开放的经营、服务场所和设施、设备；（四）不适宜参加相关活动的群体；（五）可能危及旅游者人身、财产安全的其他情形。"此外，该法第七十条第二款还规定了，由于旅游者自身原因导致包价旅游合同不能履行或者不能按照约定履行，或者造成旅游者人身损害、财产损失的，旅行社不承担责任。据此可知，包括旅行社和景区在内的旅游经营者对游客都负有安全保障的义务，对可能危及游客人身、财产安全的情形具有告知义务，如果在旅游经营者已经履行安全保障义务和告知义务的情形下，游客因为自身原因受伤，则旅行社和景区管理者不需要进行赔偿。因此，游客未按照景区标识和导游带领的正常路线爬山导致受伤，不能要求旅行社、景区管理者赔偿。

229. 游客被导游带到指定购物点买东西，当买到假货时该怎样维权？

我国《旅游法》第四十一条第二款规定："导游和领队应当严格执行旅游行程安排，不得擅自变更旅游行程或者中止服务活动，不得向旅游者索取小费，不得诱导、欺骗、强迫或者变相强迫旅游者购物或者参加另行付费旅游项目。"此外，我国《消费者权益保护法》第五十五条第一款规定："经营者提供商品或者服务有欺诈行为的，应当按照消费者的要求增加赔偿其受到的损失，增加赔偿的金额为消费者购买商品的价款或者接受服务的费用的三倍；增加赔偿的金额不足五百元的，为五百元。法律另有规定的，依照其规定。"由此可见，游客作为消费者，在购物时受到经营者欺诈买到假货的，可以要求经营者赔偿其三倍损失；如果游客是在导游指定的购物点买到假货，并且能证明是导游诱导游客购物遭受损失的，旅行社也应当承担赔偿责任。

230. 食品安全标准应当包括的内容有哪些？

根据我国《食品安全法》第二十六条的规定，食品安全标准应当包括下列内容：（一）食品、食品添加剂、食品相关产品中的致病性微生物，农药残留、兽药残留、生物毒素、重金属等污染物质以及其他危害人体健康物质的限量规定；（二）食品添加剂的品种、使用范围、用量；（三）专供婴幼儿和其他特定人群的主辅食品的营养成分要求；（四）对与卫生、营养等食品安全要求有关的标签、标志、说明书的要求；（五）食品生产经营过程的卫生要求；（六）与食品安全有关的质量要求；（七）与食品安全有关的食品检验方法与规程；（八）其他需要制定为食品安全标准的内容。

231. 经营者发布虚假广告导致消费者人身受到损害，谁来承担责任？

我国《消费者权益保护法》第四十五条第一款规定："消费者因经营者利用虚假广告或者其他虚假宣传方式提供商品或者服务，其合法权益受到损害的，可以向经营者要求赔偿。广告经营者、发布者发布虚假广告的，消费者可以请求行政主管部门予以惩处。广告经营者、发布者不能提供经营者的真实名称、地址和有效联系方式的，应当承担赔偿责任。"该条第二款规定："广告经营者、发布者设计、制作、发布关系消费者生命健康商品或者服务的虚假广告，造成消费者损害的，应当与提供该商品或者服务的经营者承担连带责任。"由此可见，经营者发布虚假广告导致消费者人身受到损害的，应由经营者承担责任，在有些情况下，广告经营者、发布者也需要承担连带责任。

232. 商家将蔬菜捆绑混搭销售，这种做法正确吗？

我国《消费者权益保护法》第九条规定："消费者享有自主选择商品或者服务的权利。消费者有权自主选择提供商品或者服务的经营者，自主选择商品品种或者服务方式，自主决定购买或者不购买任何一种商品、接受或者不接受任何一项服务。消费者在自主选择商品或者服务时，有权进行比较、鉴别和挑选。"由此可知，消费者享有对商品的自由选择权与公平交易权，商家不能强制销售商品。商家将蔬菜混搭捆绑销售，这种做法是错误的，侵犯了消费者的选择权。

二、正当竞争、诚信经营

233. 仿冒其他品牌的产品是否属于不正当竞争？

我国《反不正当竞争法》第六条规定："经营者不得实施下列混淆行为，引人误认为是他人商品或者与他人存在特定联系：

（一）擅自使用与他人有一定影响的商品名称、包装、装潢等相同或者近似的标识；（二）擅自使用他人有一定影响的企业名称（包括简称、字号等）、社会组织名称（包括简称等）、姓名（包括笔名、艺名、译名等）；（三）擅自使用他人有一定影响的域名主体部分、网站名称、网页等；（四）其他足以引人误认为是他人商品或者与他人存在特定联系的混淆行为。"仿冒其他品牌的产品，属于使用他人商品的名称或者标识等情形，有意让消费者错以为是某品牌商品而购买，属于不正当竞争的行为，应根据《反不正当竞争法》第十八条第一款规定给予惩罚：经营者违反本法第六条规定实施混淆行为的，由监督检查部门责令停止违法行为，没收违法商品。违法经营额五万元以上的，可以并处违法经营额五倍以下的罚款；没有违法经营额或者违法经营额不足五万元的，可以并处二十五万元以下的罚款。情节严重的，吊销营业执照。

234. 经营者在交易活动中贿赂交易方的工作人员，合法吗?

我国《反不正当竞争法》第七条规定："经营者不得采用财物或者其他手段贿赂下列单位或者个人，以谋取交易机会或者竞争优势：（一）交易相对方的工作人员；（二）受交易相对方委托办理相关事务的单位或者个人；（三）利用职权或者影响力影响交易的单位或者个人。经营者在交易活动中，可以以明示方式向交易相对方支付折扣，或者向中间人支付佣金。经营者向交易相对方支付折扣、向中间人支付佣金的，应当如实入账。接受折扣、佣金的经营者也应当如实入账。经营者的工作人员进行贿赂的，应当认定为经营者的行为；但是，经营者有证据证明该工作人员的行为与为经营者谋取交易机会或者竞争优势无关的除外。"由此可见，经营者为谋取交易机会或竞争优势，采用财物或者其他手段贿赂交易相对方的"相关人员"，是确确实实的不正当竞争行为。对于此种行为，应根据《反不正当竞争法》第十九条规定给予处罚：经营者违反本法第七条规定贿赂他人的，由监督检查部门没收违法所得，处十万元以上三百万元以下的罚款。情节严重的，吊销营业执照。

235. 某网店为提升销量雇人刷单，这种行为违法了吗？

我国《反不正当竞争法》第八条规定："经营者不得对其商品的性能、功能、质量、销售状况、用户评价、曾获荣誉等作虚假或者引人误解的商业宣传，欺骗、误导消费者。经营者不得通过组织虚假交易等方式，帮助其他经营者进行虚假或者引人误解的商业宣传。"网店为提升销量雇人刷单，属于通过组织虚假交易等方式来提升商品的销量，是欺骗、误导消费者的行为，违反了法律规定，属于不正当竞争。对于此，应根据《反不正当竞争法》第二十条的规定进行处罚：经营者违反本法第八条规定对其商品作虚假或者引人误解的商业宣传，或者通过组织虚假交易等方式帮助其他经营者进行虚假或者引人误解的商业宣传的，由监督检查部门责令停止违法行为，处二十万元以上一百万元以下的罚款；情节严重的，处一百万元以上二百万元以下的罚款，可以吊销营业执照。经营者违反本法第八条规定，属于发布虚假广告的，依照《中华人民共和国广告法》的规定处罚。

236. 经营者以贿赂的手段得到他人的商业秘密，会受到什么处罚？

商业秘密是指不为公众所知悉、具有商业价值并经权利人采取相应保密措施的技术信息、经营信息等商业信息。我国《反不正当竞争法》第九条第一款规定："经营者不得实施下列侵犯商业秘密的行为：（一）以盗窃、贿赂、欺诈、胁迫、电子侵入或者其他不正当手段获取权利人的商业秘密；（二）披露、使用或者允许他人使用以前项手段获取的权利人的商业秘密；（三）违反保密义务或者违反权利人有关保守商业秘密的要求，披露、使用或者允许他人使用其所掌握的商业秘密；（四）教唆、引诱、帮助他人违反保密义务或者违反权利人有关保守商业秘密的要求，获取、披露、使用或者允许他人使用权利人的商业秘密。"经营者使用贿赂手段取得他人商业秘密，属于不正当竞争，根据《反不正当竞争法》第二十一条的规定，应由监督检查部门责令停止违法行为，没收违法所得，处十万元以上一百万元以下的罚款；情节严重的，处五十万元以上五百万元以下的罚款。

237. 法律有对商家进行有奖销售的奖金做出限制吗？

我国《反不正当竞争法》第十条规定："经营者进行有奖销售不得存在下列情形：（一）所设奖的种类、兑奖条件、奖金金额或者奖品等有奖销售信息不明确，影响兑奖；（二）采用谎称有奖或者故意让内定人员中奖的欺骗方式进行有奖销售；（三）抽奖式的有奖销售，最高奖的金额超过五万元。"由此可见，经营者进行抽奖式的有奖销售时,设置的奖金不得超过五万元,否则就违反了《反不正当竞争法》的规定。监督检查部门可以依据《反不正当竞争法》第二十二条的规定,责令经营者停止违法行为,处五万元以上五十万元以下的罚款。

238. 诋毁其他商家的商品,属于不正当竞争吗?

市场经济中,经营者应当合法竞争,积极维护公平、有序的市场秩序,严禁恶意损害竞争对手的商业信誉、商品声誉。我国《反不正当竞争法》第十一条规定:"经营者不得编造、传播虚假信息或者误导性信息,损害竞争对手的商业信誉、商品声誉。"经营者诋毁其他商家的商品,必然会影响其他商家的商业信誉和声誉,属于不正当竞争,是违法行为。监督检查部门可以依据《反不正当竞争法》第二十三条的规定,责令经营者停止违法行为、消除影响,处十万元以上五十万元以下的罚款;情节严重的,处五十万元以上三百万元以下的罚款。

239. 利用网络技术破坏竞争对手合法提供的网络产品或服务的,会受到什么处罚?

我国《反不正当竞争法》第十二条规定:"经营者利用网络从事生产经营活动,应当遵守本法的各项规定。经营者不得利用技术手段,通过影响用户选择或者其他方式,实施下列妨碍、破坏其他经营者合法提供的网络产品或者服务正常运行的行为:(一)未经其他经营者同意,在其合法提供的网络产品或者服务中,插入链接、强制进行目标跳转；（二）误导、欺骗、强迫用户修改、关闭、卸载其他经营者合法提供的网络产品或者服务；（三）恶意对其他经营者合法提供的网络产品或者服务实施不兼容；（四）其他妨碍、破坏其他经营者合法提供的网络产品或者服务正常运行的行为。"据此可知，经营者利用网络技术手段破坏竞争对手合法提供的网络产品或服务的行为属于不正当竞争的行为，监督检查部门可以依据《反不正当竞争法》第二十四条的规定，责令其停止违法行为，处十万元以上五十万元以下的罚款；情节严重的，处五十万元以上三百万元以下的罚款。

240. 因产品缺陷致使他人受伤，受害者可以向谁追偿？

我国《产品质量法》第四十三条规定："因产品存在缺陷造成人身、他人财产损害的，受害人可以向产品的生产者要求赔偿，也可以向产品的销售者要求赔偿。属于产品的生产者的责任，产品的销售者赔偿的，产品的销售者有权向产品的生产者追偿。属于产品的销售者的责任，产品的生产者赔偿的，产品的生产者有权向产品的销售者追偿。"也就是说，因产品缺陷造成人身伤害的，对于受害者来说，既可以向生产者要求赔偿，也可以向销售者要求赔偿。受害者可以选择对于自己来说维权成本最小的对象来要求赔偿。

241. 食品不符合安全标准，能召回吗？

我国《食品安全法》第六十三条第一款规定："国家建立食品召回制度。食品生产者发现其生产的食品不符合食品安全标准或者有证据证明可能危害人体健康的,应当立即停止生产,召回已经上市销售的食品,通知相关生产经营者和消费者,并记录召回和通知情况。"该条第二款规定:"食品经营者发现其经营的食品有前款规定情形的,应当立即停止经营,通知相关生产经营者和消费者,并记录停止经营和通知情况。食品生产者认为应当召回的,应当立即召回。由于食品经营者的原因造成其经营的食品有前款规定情形的,食品经营者应当召回。"可见,食品不符合安全标准的,是可以召回的,并且要及时消除或减少因不合格食品造成的危害。对于广大消费者来说,一旦接收到关于某食品的召回通知,要注意排查自己是否存有该食品,并注意对市场中还会下架的相关食品进行监督。

242. 进口产品的包装必须要标注中文说明吗?

我国《产品质量法》第二十七条规定:"产品或者其包装上的标识必须真实,并符合下列要求:(一)有产品质量检验合格证明;(二)有中文标明的产品名称、生产厂厂名和厂址;(三)根据产品的特点和使用要求,需要标明产品规格、等级、所含主要成份的名称和含量的,用中文相应予以标明;需要事先让消费者知晓的,应当在外包装上标明,或者预先向消费者提供有关资料……"

随着生活水平的提高,网络交易的便利,越来越多的进口产品走进千家万户,服务于普通百姓。为便于人们购买进口产品,对产品来源、质量进行辨识,我国法律明确规定,进口产品的包装上不能仅有外文说明,还必须有中文标明的产品名称等信息。如果消费者购买到的进口产品上仅仅只有英文说明，也许恰恰说明购买的并非是合法渠道进口的产品，一定要注意。

243. 为了占据市场，低于市场价销售商品，合法吗？

根据我国《价格法》第十四条的规定，经营者不得在依法降价处理鲜活商品、季节性商品、积压商品等商品外，为了排挤竞争对手或者独占市场，以低于成本的价格倾销，扰乱正常的生产经营秩序，损害国家利益或者其他经营者的合法权益。也就是说，经营者低价出售商品是有限制的。经营者为了排挤竞争对手或独占市场，以低于成本的价格销售商品的行为是违法的，其侵犯了同类商品经营者的合法利益，扰乱了正常的生产经营秩序，应当立即停止，否则，不仅会被责令改正，没收违法所得，还会被处以违法所得五倍以下的罚款；没有违法所得的，予以警告，可以并处罚款；情节严重的，责令停业整顿，或者吊销营业执照。

244. 为什么很多广告中使用"更好"，而不是"最好"？

根据我国《广告法》第九条第三项的规定，广告不得使用"国家级""最高级""最佳"等用语。经营者在为自己的产品做广告宣传时，不得使用"最高级""最佳"等用语，产品的好坏、优劣应当由市场来检验，而非企业自行评定。因此，我们在日常生活中，常常看见很多商家称自己是"更好的"，而非"最好的"，正是为了符合广告法的上述规定。

245. 商家为提升产品销量,在广告宣传中涉及治疗疾病内容,合法吗?

我国《广告法》第十七条规定:"除医疗、药品、医疗器械广告外,禁止其他任何广告涉及疾病治疗功能,并不得使用医疗用语或者易使推销的商品与药品、医疗器械相混淆的用语。"由此可见,广告中能涉及治疗疾病功能的,只能是关于医疗、药品、医疗器械的广告,除了此三种外,其他的任何产品或服务等都不能涉及治病功能,也不能使用医疗用语等去推销。商家为提升产品销量,在广告宣传中涉及治疗疾病内容,如果其产品不是医疗、药品、医疗器械此类产品,则属于违法行为。

对于该违法行为,根据《广告法》第五十八条的规定,由市场监督管理部门责令停止发布广告,责令广告主在相应范围内消除影响,处广告费用一倍以上三倍以下的罚款,广告费用无法计算或者明显偏低的,处十万元以上二十万元以下的罚款;情节严重的,处广告费用三倍以上五倍以下的罚款,广告费用无法计算或者明显偏低的,处二十万元以上一百万元以下的罚款,可以吊销营业执照,并由广告审查机关撤销广告审查批准文件、一年内不受理其广告审查申请。

246. 药品广告语中可以有"治愈率""有效率"一类的宣传语吗?

我国《广告法》第十六条第一款规定:"医疗、药品、医疗器械广告不得含有下列内容:(一)表示功效、安全性的断言或者保证；（二）说明治愈率或者有效率；（三）与其他药品、医疗器械的功效和安全性或者其他医疗机构比较；（四）利用广告代言人作推荐、证明；（五）法律、行政法规规定禁止的其他内容。"可见，医疗、药品、医疗器械广告不同于一般的产品广告，其广告宣传应当严格遵守法律规定，不能对产品的治愈率、有效率进行断言或者保证，否则该广告内容就不符合《广告法》的相关规定，广告主会受到相应的法律处罚。

对于该违法行为，根据《广告法》第五十八条的规定，由市场监督管理部门责令停止发布广告，责令广告主在相应范围内消除影响，处广告费用一倍以上三倍以下的罚款，广告费用无法计算或者明显偏低的，处十万元以上二十万元以下的罚款；情节严重的，处广告费用三倍以上五倍以下的罚款，广告费用无法计算或者明显偏低的，处二十万元以上一百万元以下的罚款，可以吊销营业执照，并由广告审查机关撤销广告审查批准文件、一年内不受理其广告审查申请。

247. 单位招投标时，招标单位应至少向几家公司发出投标邀请？

我国《招标投标法》第十六条第二款规定："招标公告应当载明招标人的名称和地址、招标项目的性质、数量、实施地点和时间以及获取招标文件的办法等事项。"同时，该法第十七条规定："招标人采用邀请招标方式的，应当向三个以上具备承担招标项目的能力、资信良好的特定的法人或者其他组织发出投标邀请书。投标邀请书应当载明本法第十六条第二款规定的事项。"也就是说，招标人采用邀请招标方式进行招标的,应当发布招标公告广而告之,并至少向三个有承担招标项目能力、信用良好的法人或者其他组织发出投标邀请书。

三、财税

248. 在我国,个人所得税的税率是按照什么规则计算的?

个人所得税的税率指的是"个人所得税税额"与"应纳税所得额"之间的比例,这部分比例是由国家相应的法律法规直接规定的,它是在综合考量了我国居民收入的基础上所形成的。根据我国《个人所得税法》第三条的规定,个人所得税税率按照如下规则计算:

(一)综合所得,适用百分之三至百分之四十五的超额累进税率;

级数	全年应纳税所得额	税率(%)
1	不超过 36000 元的	3
2	超过 36000 元至 144000 元的部分	10
3	超过 144000 元至 300000 元的部分	20
4	超过 300000 元至 420000 元的部分	25
5	超过 420000 元至 660000 元的部分	30
6	超过 660000 元至 960000 元的部分	35
7	超过 960000 元的部分	45

注1:本表所称全年应纳税所得额是指依照《个人所得税法》第六条的规定,居民个人取得综合所得以每一纳税年度收入额减除费用六万元以

及专项扣除、专项附加扣除和依法确定的其他扣除后的余额。

注2：非居民个人取得工资、薪金所得，劳务报酬所得，稿酬所得和特许权使用费所得，依照本表按月换算后计算应纳税额。

（二）经营所得，适用百分之五至百分之三十五的超额累进税率；

级数	全年应纳税所得额	税率（%）
1	不超过30000元的	5
2	超过30000元至90000元的部分	10
3	超过90000元至300000元的部分	20
4	超过300000元至500000元的部分	30
5	超过500000元的部分	35

注：本表所称全年应纳税所得额是指依照《个人所得税法》第六条的规定，以每一纳税年度的收入总额减除成本、费用以及损失后的余额。

（三）利息、股息、红利所得，财产租赁所得，财产转让所得和偶然所得，适用比例税率，税率为百分之二十。

在这里我们需要明确一点，依法纳税是每个公民的义务，我们要及时了解个人所得税的最新信息，积极地配合当地税务机关，根据自己的收入情况依法进行纳税申报，否则，极有可能因缴纳错误的税款金额而造成不必要的困扰。

249. 在我国，是如何计算个人应纳税所得额的？

根据我国《个人所得税法》第六条的规定可知，我国的个人所得税应当采取以下办法来计算：（一）居民个人综合所得，以每一纳税年度的收入额减除费用六万元以及专项扣除、专项附加扣除和依法确定的其他扣除后的余额,为应纳税所得额。(二)不是个人的工资、薪金所得的,以每月收入额减除费用五千元后的余额为应纳税所得额。(三)个人经营所得,以每一纳税年度的收入总额减除成本、费用以及损失后的余额,作为应纳税所得额。(四)财产租赁所得,每次收入不超过四千元的,减除费用八百元;四千元以上的,减除百分之二十的费用,其余额为应纳税所得额。(五)财产转让所得,以转让财产的收入额减除财产原值和合理费用后的余额,为应纳税所得额。(六)利息、股息、红利所得和偶然所得,以每次收入额为应纳税所得额。(七)劳务报酬所得、稿酬所得、特许权使用费所得,以每次收入额为应纳税所得额,所得以收入减除百分之二十的费用后的余额为收入额。稿酬所得的收入额减按百分之七十计算。同时,根据该法第七条之规定,中国居民从境外取得的所得,可以从其应纳税额中抵免已在境外缴纳的个人所得税税额,但抵免额不得超过该纳税人境外所得依照本法规定计算的应纳税额。

250. 在我国,哪些居民可以减征个人所得税?

我国《个人所得税法》第五条规定:"有下列情形之一的,可以减征个人所得税,具体幅度和期限,由省、自治区、直辖市人民政府规定,并报同级人民代表大会常务委员会备案:(一)残疾、孤老人员和烈属的所得;(二)因自然灾害遭受重大损失的。国务院可以规定其他减税情形,报全国人民代表大会常务委员会备案。"由此可见,在我国,烈属、残疾、孤老人员和因自然灾害遭受重大损失的人员都可以减征个人所得税。此外，减征的具体幅度和期限由省、自治区、直辖市人民政府规定，并报同级人民代表大会常务委员会备案。

251. 劳动者有两项以上收入都应纳税，其个人所得税应怎样计算？

我国《个人所得税法》第二条规定："下列各项个人所得，应当缴纳个人所得税：（一）工资、薪金所得；（二）劳务报酬所得；（三）稿酬所得；（四）特许权使用费所得；（五）经营所得；（六）利息、股息、红利所得；（七）财产租赁所得；（八）财产转让所得；（九）偶然所得。居民个人取得前款第一项至第四项所得（以下称综合所得），按纳税年度合并计算个人所得税；非居民个人取得前款第一项至第四项所得，按月或者按次分项计算个人所得税。纳税人取得前款第五项至第九项所得，依照本法规定分别计算个人所得税。"也就是说，如果纳税人取得了工资、薪金所得、劳务报酬所得、稿酬所得、特许权使用费所得等两项以上收入时，应当按纳税年度合并计算个人所得税。如果纳税人取得经营所得、利息、股息、红利所得、财产租赁所得、财产转让所得、偶然所得等两项以上收入时，应当分别计算个人所得税。

252. 个人所得税中包含加班所得的收入吗？

根据我国《个人所得税法》第二条的规定，工资、薪金所得应当缴纳个人所得税。那么，哪些收入应当被界定为工资、薪金的范畴呢？我国《个人所得税法实施条例》第六条给出了明确规定：工资、薪金所得,是指个人因任职或者受雇取得的工资、薪金、奖金、年终加薪、劳动分红、津贴、补贴以及与任职或者受雇有关的其他所得。即凡是与任职或者受雇有关的所得均应当被认定为工资、薪金所得。职工加班费是以职工受聘,并在企业中为了顺利完成工作任务而延长工作时间所得的报酬,理所当然属于"与任职有关的所得",属于缴纳个人所得税的工资、薪金所得范围。此外,劳动者的奖金、年终奖、劳动分红等其他与任职或者受雇有关的其他所得都将计入工资、薪金所得,扣除个人所得税。

253. 公司将高温补贴算进工资、扣除个人所得税的做法是合法的吗?

根据我国《个人所得税实施条例》第六条的规定,应缴纳个人所得的工资、薪金所得中,包括了与任职有关的津贴、补贴。虽然我国《个人所得税法》第四条规定"按照国家统一规定发给的补贴、津贴免征个人所得税",但是,我国《个人所得税法实施条例》第十条规定:"个人所得税法第四条第一款第三项所称按照国家统一规定发给的补贴、津贴,是指按照国务院规定发给的政府特殊津贴、院士津贴,以及国务院规定免予缴纳个人所得税的其他补贴、津贴。"可见,企业发放给员工的高温补贴不在上述免征范围内。因此,公司将高温补贴算进工资,扣除个人所得税的做法是合法的。

254. 被返聘的退休人员取得收入时,也要缴纳个人所得税吗?

根据《国家税务总局关于个人兼职和退休人员再任职取得收入

如何计算征收个人所得税问题的批复》和《国家税务总局关于离退休人员再任职界定问题的批复》的规定可知,当退休人员再任职,同时符合下列条件时,所取得的收入在减除按个人所得税法规定的费用扣除标准后,按工资、薪金所得应税项目缴纳个人所得税:(一)受雇人员与用人单位签订一年以上(含一年)劳动合同(协议),存在长期或连续的雇用与被雇用关系;(二)受雇人员因事假、病假、休假等原因不能正常出勤时,仍享受固定或基本工资收入;(三)受雇人员与单位其他正式职工享受同等福利、社保、培训及其他待遇;(四)受雇人员的职务晋升、职称评定等工作由用人单位负责组织。由此可见,对于退休后被返聘回原单位的人员,在满足法律规定的以上几项条件时,所得的收入仍需要缴纳个人所得税。

255. 从事会计工作一定要有会计从业资格证吗?

我国《会计法》第三十八条规定:"会计人员应当具备从事会计工作所需要的专业能力。担任单位会计机构负责人(会计主管人员)的,应当具备会计师以上专业技术职务资格或者从事会计工作三年以上经历。本法所称会计人员的范围由国务院财政部门规定。"可见,从事会计专业,不一定必须取得会计从业资格证书,只要具备从事会计工作所需要的专业能力即可。但是,作为单位会计机构的负责人,则必须具备会计师以上专业技术职务资格或从事会计工作三年以上经历。

256. 缴纳税款规定的最后一日为法定节假日，该怎么办？

我国《税收征收管理法实施细则》第一百零九条规定："税收征管法及本细则所规定期限的最后一日是法定休假日的，以休假日期满的次日为期限的最后一日；在期限内有连续 3 日以上法定休假日的，按休假日天数顺延。"也就是说，如果缴纳税款的最晚期限为法定节假日，那么缴纳税款的最后一天为法定节假日期满的次日；倘若在缴税期限内有三天以上法定休假日，那么休假日天数顺延。

257. 当纳税人不能提供纳税担保时，税务机关可以采取哪些措施？

我国《税收征收管理法》第三十八条第一款规定："税务机关有根据认为从事生产、经营的纳税人有逃避纳税义务行为的，可以在规定的纳税期之前，责令限期缴纳应纳税款；在期限内发现纳税人有明显的转移、隐匿其应纳税的商品、货物以及其他财产或者应纳税的收入的迹象的，税务机关可以责成纳税人提供纳税担保。如果纳税人不能提供纳税担保，经县以上税务局（分局）局长批准，税务机关可以采取下列税收保全措施：（一）书面通知纳税人开户银行或者其他金融机构冻结纳税人的金额相当于应纳税款的存款；（二）扣押、查封纳税人的价值相当于应纳税款的商品、货物或者其他财产。"由此可知，如果纳税人有明显的逃税漏税迹象的，税务机关有权要求纳税人提供纳税担保，如果纳税人不能提供纳税担保，经县以上税务局（分局）局长批准，税务机关可以采取书面通知纳税人开户银行或者其他金融机构冻结纳税人的存款金额作为纳税款，也可以扣押、查封纳税人的商品、货物或者其他财产作为纳税款，以确保其依法履行纳税义务。

258. 滞纳金也属于纳税担保范畴吗？

我国《纳税担保试行办法》第五条规定："纳税担保范围包括税款、滞纳金和实现税款、滞纳金的费用。费用包括抵押、质押登记费用，质押保管费用，以及保管、拍卖、变卖担保财产等相关费用支出。用于纳税担保的财产、权利的价值不得低于应当缴纳的税款、滞纳金，并考虑相关的费用。纳税担保的财产价值不足以抵缴税款、滞纳金的，税务机关应当向提供担保的纳税人或纳税担保人继续追缴。"由此可见，纳税担保不仅包括税款、滞纳金，还包括抵押、质押登记等为实现税款、滞纳金所需要支出的费用。并且，用来担保的财产、权利的价值不能低于应缴纳的税款、滞纳金及相关费用，否则，税务机关有权向纳税人或纳税担保人追缴。因此，滞纳金也属于纳税担保的范畴。

259. 财产已经被纳税抵押，还能将其转让给别人吗？

我国《纳税担保试行办法》第二十一条规定："抵押期间，经税务机关同意，纳税人可以转让已办理登记的抵押物，并告知受让人转让物已经抵押的情况。纳税人转让抵押物所得的价款，应当向税务机关提前缴纳所担保的税款、滞纳金。超过部分，归纳税人所有，不足部分由纳税人缴纳或提供相应的担保。"也就是说，在经税务机关同意的情况下，纳税人可以将已作为纳税抵押的财产转让给他人。但需要注意的是，在转让的时候，纳税人应告知对方该财产存在纳税抵押的事实。在转让后，所得价款应用于缴纳所担保的税款、滞纳金及相关费用。

260. 税务机关有权以公司尚未缴清税款为由阻止其法定代表人出境吗？

我国《税收征收管理法》第四十四条规定："欠缴税款的纳税人或者他的法定代表人需要出境的，应当在出境前向税务机关结清应纳税款、滞纳金或者提供担保。未结清税款、滞纳金，又不提供担保的，税务机关可以通知出境管理机关阻止其出境。"同时，按照《税收征收管理法实施细则》第七十四条的规定，欠缴税款的纳税人或者其法定代表人在出境前未按照规定结清应纳税款、滞纳金或者提供纳税担保的，税务机关可以通知出入境管理机关阻止其出境。阻止出境的具体办法，由国家税务总局会同公安部制定。由此可知，纳税人必须依法全面履行纳税义务，尤其是在其出境前，必须向税务机关结清应纳税款、滞纳金等，或者提供相应的担保。在纳税人没有缴清税款、滞纳金，也没有提供纳税担保的情况下，税务机关可以通知出入境管理机关，阻止纳税人或其法定代表人出境。

261. 纳税人提供虚假资料，将受到怎样的法律制裁？

我国《税收征收管理法实施细则》第九十六条规定："纳税人、扣缴义务人有下列情形之一的，依照税收征管法第七十条的规定处罚：（一）提供虚假资料，不如实反映情况，或者拒绝提供有关资料的；（二）拒绝或者阻止税务机关记录、录音、录像、照相和复制与案件有关的情况和资料的；（三）在检查期间，纳税人、扣缴义务人转移、隐匿、销毁有关资料的；（四）有不依法接受税务检查的其他情形的。"同时，根据《税收征收管理法》第七十条的规定，纳税人、扣缴义务人逃避、拒绝或者以其他方式阻挠税务机关检查的，由税务机关责令改正，可以处一万元以下的罚款；情节严重的，处一万元以上五万元以下的罚款。

依法纳税、诚信纳税，是每一位纳税人的法定义务。在纳税的过程中，纳税人应当配合税务部门的检查监督，按要求提供材料，如果其提供虚假材料，则税务机关可以责令其交出真实资料，并可处其一万元以下的罚款；若情节严重，则可处一万元以上五万元以下的罚款。

四、社会保障与救助

262. 缴满十五年养老保险是享受养老保险待遇的唯一途径吗？

我国《社会保险法》第十六条规定："参加基本养老保险的个人，达到法定退休年龄时累计缴费满十五年的，按月领取基本养老金。参加基本养老保险的个人，达到法定退休年龄时累计缴费不足十五年的，可以缴费至满十五年，按月领取基本养老金；也可以转入新型农村社会养老保险或者城镇居民社会养老保险，按照国务院规定享受相应的养老保险待遇。"由此可见,享受养老保险待遇一共有三种方式,缴满十五年养老保险只是其中方式之一,并不是唯一的途径。如果退休时缴纳基本养老保险费不足十五年,可以通过延长缴费至满十五年或者申请转入户籍所在地新型农村社会养老保险或城镇居民社会养老保险的方式来解决养老保险的问题。

263. 未到法定退休年龄,可以提前享受养老保险金吗?

我国《社会保险法》第十四条规定:"个人账户不得提前支取,记账利率不得低于银行定期存款利率,免征利息税。个人死亡的,个人账户余额可以继承。"同时,该法第十六条第一款规定,参加基本养老保险的个人,达到法定退休年龄时累计缴费满十五年的,按月领取基本养老金。由此可见,达到法定退休年龄是开始享受养老保险待遇必须具备的条件之一,养老保险金个人账户不得提前支取。也就是说,未到法定退休年龄,是不可以提前享受养老保险金的。

264. 在领养老保险金之前丧失劳动能力的,怎么解决?

我国《社会保险法》第十七条规定:"参加基本养老保险的个人,因病或者非因工死亡的,其遗属可以领取丧葬补助金和抚恤金;在未达到法定退休年龄时因病或者非因工致残完全丧失劳动能力的,可以领取病残津贴。所需资金从基本养老保险基金中支付。"由此可见,在领养老保险金之前丧失劳动能力的,并不影响养老保险的缴纳,按照规定也必须到达领取养老保险的年龄后才能领取养老保险金。此外,根据以上法律规定,提前丧失劳动能力且符合相关规定的，可以领取病残津贴。所谓"病残津贴"，顾名思义是指参保人因病或非因工致残达到规定的条件而给予的特殊津贴，这种津贴是按月发放参保人的基本生活费，所需资金由养老保险基金列支。

265. 因他人致伤且对方拒绝赔偿的，所需医疗费可以从保险中支付吗？

我国《社会保险法》第三十条规定："下列医疗费用不纳入基本医疗保险基金支付范围：（一）应当从工伤保险基金中支付的；（二）应当由第三人负担的；（三）应当由公共卫生负担的；（四）在境外就医的。医疗费用依法应当由第三人负担，第三人不支付或者无法确定第三人的，由基本医疗保险基金先行支付。基本医疗保险基金先行支付后，有权向第三人追偿。"可见，因他人致伤导致住院进行医疗救治的，按照法律的规定所花费的医疗费用应由造成其受伤的第三人支付。如果第三人拒绝支付时，可由基本医疗保险基金先行支付。基本医疗保险基金先行支付后，可以再向第三人追偿。

266. 已经退休的人员还用继续缴纳医疗保险吗？

我国《社会保险法》第二十七条规定："参加职工基本医疗保险的个人，达到法定退休年龄时累计缴费达到国家规定年限的，退休后不再缴纳基本医疗保险费，按照国家规定享受基本医疗保险待遇；未达到国家规定年限的，可以缴费至国家规定年限。"由此可见，已经退休的人员是否还需要继续缴纳医疗保险，取决于其缴纳的医疗保险费用有没有达到国家规定的年限。如果该退休人员的医疗保险费用缴费已经达到了国家规定的年限，那退休后就无须再缴纳，退休后可以直接按照国家规定享受基本医疗保险待遇；如果退休时，医疗保险费用还没有达到国家规定的缴费年限，那就只有将保险费用缴纳至规定的年限后才能依法享受基本医疗保险。

267. 失业保险金是所有的失业人员都可以领吗？

根据《社会保险法》第四十五条的规定，失业人员符合下列条件的，从失业保险基金中领取失业保险金：（一）失业前用人单位和本人已经缴纳失业保险费满一年的；（二）非因本人意愿中断就业的；（三）已经进行失业登记，并有求职要求的。据此可知，不是所有的人都可以领失业保险金，失业人员必须同时具备上述条件时，才可以领取失业保险金，享受失业保险待遇。

268. 失业保险金的领取期限是多长时间？

根据我国《社会保险法》第四十六条的规定可知，失业人员失业前用人单位和本人累计缴费满一年不足五年的，领取失业保险金的期限最长为十二个月；累计缴费满五年不足十年的，领取失业保险金的期限最长为十八个月；累计缴费十年以上的，领取失业保险金的期限最长为二十四个月。重新就业后，再次失业的，缴费时间重新计算，领取失业保险金的期限与前次失业应当领取而尚未领取的失业保险金的期限合并计算，最长不超过二十四个月。

269. 停止领取失业保险金的情况有哪些？

我国《社会保险法》第五十一条规定："失业人员在领取失业保险金期间有下列情形之一的，停止领取失业保险金，并同时停止享受其他失业保险待遇：（一）重新就业的；（二）应征服兵役的；（三）移居境外的；（四）享受基本养老保险待遇的；（五）无正当理由，拒不接受当地人民政府指定部门或者机构介绍的适当工作或者提供的培训的。"此外，该法第五十二条还规定，职工跨统筹地区就业的，其失业保险关系随本人转移，缴费年限累计计算。由此可见，失业人员存在重新就业、应征服兵役、移居境外、已经享受基本养老保险待遇以及无正当理由，拒不接受当地人民政府指定部门或者机构介绍的适当工作或者提供的培训等情形之一的，停止领取失业保险金。同时，根据该法律规定，失业人员跨统筹地区就业的，其失业保险关系随本人转移，缴费年限累计计算。

270. 能够把住房公积金取出来的情况有哪些？

我国《住房公积金管理条例》第二十四条规定："职工有下列情形之一的，可以提取职工住房公积金账户内的存储余额：（一）购买、建造、翻建、大修自住住房的；（二）离休、退休的；（三）完全丧失劳动能力，并与单位终止劳动关系的；（四）出境定居的；（五）偿还购房贷款本息的；（六）房租超出家庭工资收入的规定比例的。依照前款第（二）（三）（四）项规定，提取职工住房公积金的，应当同时注销职工住房公积金账户。职工死亡或者被宣告死亡的，职工的继承人、受遗赠人可以提取职工住房公积金账户内的存储余额；无继承人也无受遗赠人的，职工住房公积金账户内的存储余额纳入住房公积金的增值收益。"综上所述，职工出现以上情形时，可以把公积金取出来。

271. 哪些人员可以享受最低生活保障？

最低生活保障制度是一种社会救济制度，是国家和社会为保障收入难以维持最基本生活的贫困人口而建立的。我国《社会救助暂行办法》第九条规定："国家对共同生活的家庭成员人均收入低于当地最低生活保障标准，且符合当地最低生活保障家庭财产状况规定的家庭，给予最低生活保障。"可见，国家对享受最低生活保障的人员范围和条件有着明确的规定。同时，《最低生活保障审核审批办法（试行）》第四条规定："户籍状况、家庭收入和家庭财产是认定低保对象的三个基本要件。持有当地常住户口的居民，凡共同生活的家庭成员人均收入低于当地低保标准，且家庭财产状况符合当地人民政府规定条件的，可以申请低保。"也就是说，认定低保对象要符合三个条件，即户籍状况、家庭收入和家庭财产：（一）持有当地常住户口；（二）共同生活的家庭成员人均收入低于当地最低生活保障标准；（三）家庭符合当地最低生活保障家庭财产状况规定。

272. 最低生活保障和医疗救助可以同时享受吗？

最低生活保障制度和医疗救助都属于国家对受困群体的特殊

救济，但二者还有一定的不同之处。最低生活保障制度旨在保障收入难以维持最基本生活的贫困人口。而医疗救助，则是为帮助因贫困而没有经济能力治病的群众，是国家和社会对他们提供的一项医疗方面的专门救助。我国《社会救助暂行办法》第二十八条规定："下列人员可以申请相关医疗救助：（一）最低生活保障家庭成员；（二）特困供养人员；（三）县级以上人民政府规定的其他特殊困难人员。"可见，享受最低生活保障的家庭成员如果因治病花费较大，自己没有经济能力承担，可以申请医疗救助，两者可以同时享受。

273. 身份不明的危重病人就不能得到疾病应急救助了吗？

我国《社会救助暂行办法》第三十二条第一款规定："国家建立疾病应急救助制度，对需要急救但身份不明或者无力支付急救费用的急重危伤病患者给予救助。符合规定的急救费用由疾病应急救助基金支付。"因此，即使是身份不明的危重病人，依然可以得到疾病应急救助。

在现实生活中，少数需要急救的患者因身份不明、无力支付医疗费用等原因，得不到及时有效的治疗，"等钱救命"的现象时有发生。国家因此建立应急救助制度，把身份不明或者无力支付急救费用的急重危伤病患者纳入了应急救助范围，在这些人员发生急重危伤时，应先由责任人、工伤保险和基本医疗保险等各类保险、公共卫生经费以及医疗救助基金、道路交通事故社会救助基金等渠道先行支付医疗费用，无上述渠道或上述渠道费用支付有缺口的，由疾病应急救助基金给予补助。

274. 因家中遭遇意外事件申请临时救助的，能申请成功吗？

我国《社会救助暂行办法》第四十七条规定："国家对因火灾、交通事故等意外事件，家庭成员突发重大疾病等原因，导致基本生活暂时出现严重困难的家庭，或者因生活必需支出突然增加超出家庭承受能力，导致基本生活暂时出现严重困难的最低生活保障家庭，以及遭遇其他特殊困难的家庭，给予临时救助。"由此可见，当家庭因火灾、交通事故等意外事件，或者家庭成员突发重病等，致使家庭的基本生活暂时出现严重困难时，当事人可以向政府申请临时救助。此外，对于因生活必需支出突然增加，致使低保家庭的生活出现暂时性严重困难的，当事人也可以申请政府临时救助。如果当事人认为自己遭遇了其他特殊困难，家庭生活受到重大影响的，也可以请求国家的临时救助。

275. 哪些人可以得到教育救助？

《社会救助暂行办法》第三十三条规定："国家对在义务教育阶段就学的最低生活保障家庭成员、特困供养人员，给予教育救助。对在高中教育（含中等职业教育）、普通高等教育阶段就学的最低生活保障家庭成员、特困供养人员，以及不能入学接受义务教育的残疾儿童，根据实际情况给予适当教育救助。"由此可知，上述规定的三类人员可以得到教育救助，以此来满足其继续接受教育的愿望和需求。

276. 需要给予特困供养的人有哪些？如果特困人员不再符合供养条件，应如何处理？

《社会救助暂行办法》第十四条规定："国家对无劳动能力、无生活来源且无法定赡养、抚养、扶养义务人，或者其法定赡养、抚养、扶养义务人无赡养、抚养、扶养能力的老年人、残疾人以及未满16周岁的未成年人，给予特困人员供养。"可见，符合以上条件的人可以享受特困供养。此外，国家对于不再符合供养条件的人也作出了相关规定，根据该办法第十八条的规定，特困供养人员不再符合供养条件的，村民委员会、居民委员会或者供养服务机构应当告知乡镇人民政府、街道办事处，由乡镇人民政府、街道办事处审核并报县级人民政府民政部门核准后，终止供养并予以公示。

277. 特困供养人员可以不在供养服务机构集中生活吗？

《社会救助暂行办法》第十九条规定："特困供养人员可以在当地的供养服务机构集中供养，也可以在家分散供养。特困供养人员可以自行选择供养形式。"可见，特困供养人员的供养形式分为两种，即集中供养和分散供养。也就是说，特困供养人员既可以在供养服务机构集中生活，也可以选择自己在家生活。特困供养人员可以根据自己的实际情况，自主选择采用何种供养形式。

278. 城市居民在享受低保期间尚未就业时，是否必须参加社区公益服务活动？

我国《城市居民最低生活保障条例》第十条第三款规定："在就业年龄内有劳动能力但尚未就业的城市居民，在享受城市居民最低生活保障待遇期间，应当参加其所在的居民委员会组织的公益性社区服务劳动。"据此可知，并非所有的享有低保待遇人员都需要参加社区公益服务活动，对于那些正处于待业期间，而又具备劳动能力的城市低保人员，其有义务参加所在社区组织的公益服务活动，不能无理由拒绝。事实上，让这部分人员参加公益活动，既可以培养他们的劳动素养，又可以帮助他们在活动中寻找新的工作机会，这类低保人员应当积极参与。

279. 租房补助属于住房救助待遇吗？

我国《社会救助暂行办法》第三十八条规定："住房救助通过配租公共租赁住房、发放住房租赁补贴、农村危房改造等方式实施。"可见，租房补助属于住房救助待遇。住房救助通过多种形式和途径对城乡居民的住房条件予以保障，具体包括配租公共租赁房、发放租房补贴、进行农村危房改造等。由于城乡居民的住房要求和方式不同，政府根据具体情况设置了多种救助途径，城乡居民可以根据自己的实际情况选择申请住房救助的方式。

280. 已经将廉租房承租了，还能再进行转租吗？

《廉租住房保障办法》第二十五条规定："城市低收入住房困难家庭不得将所承租的廉租住房转借、转租或者改变用途。城市低收入住房困难家庭违反前款规定或者有下列行为之一的，应当按照合同约定退回廉租住房：（一）无正当理由连续6个月以上未在所承租的廉租住房居住的；（二）无正当理由累计6个月以上未交纳廉租住房租金的。"据此可知，已经将廉租房承租了，是不能再进行转租的。政府提供廉租房，是为了保障因收入低住房存在困难的人能有一个良好的居住条件。如果其将已经承租的廉租房租借给他人或者改变用途的，表明其并不存在住房困难的状况，也就不应当享受廉租房的保障。如果承租人将该房租借或者改变用途，或者无正当理由长时间不缴纳房租的，应当依法退回廉租房。

五、劳动就业

281. 员工到新公司上班，应在什么时间签订劳动合同？

我国《劳动合同法》第七条规定，"用人单位自用工之日起即与劳动者建立劳动关系。用人单位应当建立职工名册备查。"第十条第一款、第二款规定："建立劳动关系，应当订立书面劳动合同。已建立劳动关系，未同时订立书面劳动合同的，应当自用工之日起一个月内订立书面劳动合同。"同时,我国《劳动合同法》第八十二条第一款规定:"用人单位自用工之日起超过一个月不满一年未与劳动者订立书面劳动合同的,应当向劳动者每月支付二倍的工资。"由此可见,员工到新公司上班,签订劳动合同的时间是一开始上班至上班一个月内。用人单位自劳动者上班一个月后至不满一年还不签订劳动合同的,就需要向劳动者自上班的第二个月起每月支付二倍的工资,直至签署劳动合同后才能够恢复正常。

282. 用人单位没有和劳动者签订劳动合同的,将承担什么责任?

根据我国《劳动合同法实施条例》第六条的规定,用人单位自用工之日起超过一个月不满一年未与劳动者订立书面劳动合同的,应当依照劳动合同法第八十二条的规定向劳动者每月支付两倍的工资,并与劳动者补订书面劳动合同。用人单位向劳动者每月支付两倍工资的起算时间为用工之日起满一个月的次日,截止时间为补订书面劳动合同的前一日。该条例第七条规定:"用人单位自用工之日起满一年未与劳动者订立书面劳动合同的,自用工之日起满一个月的次日至满一年的前一日应当依照劳动合同法第八十二条的规定向劳动者每月支付两倍的工资,并视为自用工之日起满一年的当日已经与劳动者订立无固定期限劳动合同,应当立即与劳动者补订书面劳动合同。"可见,从劳动者开始上班的那天起,满一个月未满一年内,用人单位没有或拒绝与劳动者签订劳动合同的,应该从劳动者上班之日起满一个月的第二日至补订劳动合同的前一日,支付劳动者两倍工资,并与劳动者补订书面劳动合同;满一年后,用人单位仍然没有或拒绝与劳动者签订劳动合同的，应该从劳动者上班之日起满一个月的第二日到满一年的前一日，支付劳动者两倍工资，在劳动者上班满一年的当日，即视为用人单位和劳动者订立了无固定期限劳动合同，并应当立即补订书面劳动合同。

283. 用人单位扣押员工的身份证或其他证件，违法吗？

我国《劳动合同法》第九条规定："用人单位招用劳动者，不得扣押劳动者的居民身份证和其他证件，不得要求劳动者提供担保或者以其他名义向劳动者收取财物。"同时，该法第八十四条第一款还规定，用人单位违反本法规定，扣押劳动者居民身份证等证件的，由劳动行政部门责令限期退还劳动者本人，并依照有关法律规定给予处罚。由此可见，用人单位扣押员工的身份证或其他证件的，属于违反法律规定的行为，应当由劳动行政部门责令退还，并且给予相应处罚。

284. 关于上岗培训费，新员工要自己承担吗？

我国《劳动法》第六十八条第一款规定："用人单位应当建立职业培训制度，按照国家规定提取和使用职业培训经费，根据本单位实际，有计划地对劳动者进行职业培训。"此外，《劳动部关于严禁用人单位录用职工非法收费的通知》第二条规定："用人单位不得在招工条件中规定个人缴费内容，劳动行政部门要加强对用人单位招工启示、简章的审查，对违反规定的，应给予警告，并责令其改正。"由此可见，用人单位对新员工进行上岗培训，是根据本单位实际，对劳动者进行的职业培训，应当根据国家规定提取和使用职业培训费，不应当由新员工自己承担培训费。

285. 所有劳动者都要签竞业限制协议吗？

我国《劳动合同法》第二十三条第二款规定："对负有保密义务的劳动者，用人单位可以在劳动合同或者保密协议中与劳动者约定竞业限制条款，并约定在解除或者终止劳动合同后，在竞业限制期限内按月给予劳动者经济补偿。劳动者违反竞业限制约定的，应当按照约定向用人单位支付违约金。"同时，该法第二十四条第一款规定："竞业限制的人员限于用人单位的高级管理人员、高级技术人员和其他负有保密义务的人员。竞业限制的范围、地域、期限由用人单位与劳动者约定，竞业限制的约定不得违反法律、法规的规定。"据此可知，用人单位可以根据保密需要，与劳动者签订竞业限制协议，但不是所有的劳动者都需要签订。竞业限制协议仅适用于用人单位的高级管理人员、高级技术人员和其他负有保密义务的人员。并且，对于负有保密义务的劳动者，用人单位与劳动者是"可以"约定，而不是"必须"约定，是否约定竞业限制条款由双方自行决定。

286. 什么是无固定期限劳动合同？它适用哪些情形呢？

根据我国《劳动合同法》第十四条的规定可知，无固定期限劳动合同是指用人单位与劳动者约定无确定终止时间的劳动合同。用人单位与劳动者协商一致，可以订立无固定期限劳动合同。有下列情形之一，劳动者提出或者同意续订、订立劳动合同的，除劳动者提出订立固定期限劳动合同外，应当订立无固定期限劳动合同：（一）劳动者在该用人单位连续工作满十年的；（二）用人单位初次实行劳动合同制度或者国有企业改制重新订立劳动合同时，劳动者在该用人单位连续工作满十年且距法定退休年龄不足十年的；（三）连续订立二次固定期限劳动合同，且劳动者没有本法第三十九条和第四十条第一项、第二项规定的情形，续订劳动合同的。此外，用人单位自用工之日起满一年不与劳动者订立书面劳动合同的，视为用人单位与劳动者已订立无固定期限劳动合同。由此可见，无固定期限劳动合同并没有确定的合同终止时间，只有符合特定的条件时才能适用。

287. 用人单位在劳动合同期满后未续签，劳动者继续上班的，会面临什么后果？

我国《劳动合同法》第五十条第一款规定："用人单位应当在解除或者终止劳动合同时出具解除或者终止劳动合同的证明，并在十五日内为劳动者办理档案和社会保险关系转移手续。"该条第二款规定："劳动者应当按照双方约定，办理工作交接。用人单位依照本法有关规定应当向劳动者支付经济补偿的，在办结工作交接时支付。"此外，根据《最高人民法院关于审理劳动争议案件适用法律问题的解释（一）》第三十四条的规定，劳动合同期满后，劳动者仍在原用人单位工作，原用人单位未表示异议的，视为双方同意以原条件继续履行劳动合同。一方提出终止劳动关系的，人民法院应当支持。由此可见，劳动合同期满后，劳动合同终止，用人单位应当出具终止劳动合同的证明，并为劳动者办理相关手续，劳动者应当办理工作交接，终止劳动关系。但是，在用人单位与劳动者未续签劳动合同的情况下，劳动者继续上班并且用人单位也接受的，则表示二者都同意以原条件继续履行劳动合同。

288. 劳动者可以单方解除劳动合同的情形有哪些?

根据我国《劳动合同法》第三十八条的规定，用人单位有下列情形之一的，劳动者可以解除劳动合同：（一）未按照劳动合同约定提供劳动保护或者劳动条件的；（二）未及时足额支付劳动报酬的；（三）未依法为劳动者缴纳社会保险费的；（四）用人单位的规章制度违反法律、法规的规定，损害劳动者权益的；（五）因劳动合同法第二十六条第一款规定的情形致使劳动合同无效的；（六）法律、行政法规规定劳动者可以解除劳动合同的其他情形。用人单位以暴力、威胁或者非法限制人身自由的手段强迫劳动者劳动的，或者用人单位违章指挥、强令冒险作业危及劳动者人身安全的，劳动者可以立即解除劳动合同，不需事先告知用人单位。由此可见，当发生以上列举的前六种情形时，劳动者在通知用人单位后可以单方解除劳动合同；而当发生强迫劳动等情形时，劳动者无须通知用人单位即可随时解除劳动合同。

289. 劳动者需要支付用人单位违约金的情形有哪些?

我国《劳动合同法》第二十五条规定："除本法第二十二条和

第二十三条规定的情形外，用人单位不得与劳动者约定由劳动者承担违约金。"同时，根据该法第二十二条以及第二十三条的规定，用人单位为劳动者提供专项培训费用，对其进行专业技术培训的，可以与该劳动者订立协议，约定服务期。劳动者违反服务期约定的，应当按照约定向用人单位支付违约金。用人单位可以与负有保密义务的劳动者签订竞业限制，劳动者违反竞业限制约定的，应当按照约定向用人单位支付违约金。因此，劳动者只有在违反了服务期约定或者竞业限制约定时，才应当向用人单位支付违约金，除此之外，用人单位不得与劳动者约定由劳动者承担违约金。

290. 用人单位在哪些情形下可以单方解除劳动合同？

我国《劳动合同法》第三十九条规定："劳动者有下列情形之一的，用人单位可以解除劳动合同：（一）在试用期间被证明不符合录用条件的；（二）严重违反用人单位的规章制度的；（三）严重失职，营私舞弊，给用人单位造成重大损害的；（四）劳动者同时与其他用人单位建立劳动关系，对完成本单位的工作任务造成严重影响，或者经用人单位提出，拒不改正的；（五）因本法第二十六条第一款第一项规定的情形致使劳动合同无效的；（六）被依法追究刑事责任的。"劳动合同法虽然更侧重对劳动者权益的保护，但也非常注意平衡用人单位与劳动者之间的关系，因此，当劳动者出现了以上六种情形时，该法赋予了用人单位单方解除劳动合同的权利。

291. 女职工怀孕期间，用人单位有权与其解除劳动合同吗？

我国《劳动合同法》第四十二条规定："劳动者有下列情形之一的，用人单位不得依照本法第四十条、第四十一条的规定解除劳动合同：……（四）女职工在孕期、产期、哺乳期的……"可见，女职工在孕期、产期、哺乳期的，用人单位不得与其解除劳动合同。但是，根据《劳动合同法》第三十九的规定，如果女职工在孕期、产期、哺乳期工作时，出现了劳动合同法第三十九规定的情形，即存在严重违反用人单位的规章制度，严重失职、营私舞弊，给用人单位造成重大损害，被依法追究刑事责任等过失性行为时，用人单位仍然可以单方解除劳动合同。

292. 用人单位能否以劳动者因工伤不能从事原工作为由与其解除劳动合同？

我国《劳动合同法》第四十二条规定："劳动者有下列情形之一的，用人单位不得依照本法第四十条、第四十一条的规定解除劳动合同：（一）从事接触职业病危害作业的劳动者未进行离岗前职业健康检查，或者疑似职业病病人在诊断或者医学观察期间的；（二）在本单位患职业病或者因工负伤并被确认丧失或者部分丧失劳动能力的；（三）患病或者非因工负伤，在规定的医疗期内的……"由此可见，劳动者在本单位患职业病或者因工负伤，并被确认丧失或者部分丧失劳动能力的，即劳动者因工伤不能从事原工作，用人单位不得在劳动者没有过错的情况下将其辞退。同时，根据该法第四十条的规定,劳动者患病或者非因工负伤,在规定的医疗期满后不能从事原工作,也不能从事由用人单位另行安排的工作的,用人单位提前三十日以书面形式通知劳动者本人或者额外支付劳动者一个月工资后,可以解除劳动合同。

293. 新入职的员工试用期一般多久?

我国《劳动合同法》第十九条第一款规定:"劳动合同期限三个月以上不满一年的,试用期不得超过一个月;劳动合同期限一年以上不满三年的,试用期不得超过二个月;三年以上固定期限和无固定期限的劳动合同,试用期不得超过六个月。"据此可知,新入职的员工,其试用期根据劳动合同期限的长短而定。只有劳动合同期限在三个月以上的,才可以约定试用期,而且单位可以为员工设定的试用期期限最长为六个月,此时劳动合同的期限应当是三年以上或者无固定期限。

294. 劳动者在试用期内辞职的,需要提前多久通知用人单位?

《劳动合同法》第三十七条规定:"劳动者提前三十日以书面形式通知用人单位,可以解除劳动合同。劳动者在试用期内提前三日通知用人单位,可以解除劳动合同。"据此可知,试用期内的劳动者如果想要解除劳动关系,只需提前三天通知用人单位就可以。此外,试用期的劳动者如果想要解除劳动关系无须经书面形式,只需口头通知用人单位即可。

295. 劳动者在试用期内的工资数额是用人单位可以随意规定的吗？

我国《劳动合同法》第二十条规定："劳动者在试用期的工资不得低于本单位相同岗位最低档工资或者劳动合同约定工资的百分之八十，并不得低于用人单位所在地的最低工资标准。"所谓"本单位相同岗位最低档工资"，是指同一个用人单位内部与试用期内劳动者所在岗位相同的岗位上的正式工的最低档工资标准；"劳动合同约定工资"是指劳动合同约定的劳动者在试用期满后的月工资标准；"用人单位所在地的最低工资标准"是指在劳动者提供了正常劳动的前提下，用人单位依法应支付的最低劳动报酬，是试用期内劳动者所得工资的最低标准。需要注意的是，本单位相同岗位最低档工资或者劳动合同约定的工资的百分之八十，可以高于但不得低于用人单位依法应支付的最低劳动报酬标准。由此可以看出，用人单位在规定试用期内员工的工资时，要依据一定的标准，符合劳动合同法的规定才行，而不能随意规定劳动者的试用期工资。

296. 什么是最低工资？包含加班费、补贴、津贴吗？

《关于贯彻执行〈中华人民共和国劳动法〉若干问题的意见》第五十四条规定："劳动法第四十八条中的'最低工资'是指劳动者在法定工作时间内履行了正常劳动义务的前提下，由其所在单位支付的最低劳动报酬。最低工资不包括延长工作时间的工资报酬，以货币形式支付的住房和用人单位支付的伙食补贴，中班、夜班、高温、低温、井下、有毒、有害等特殊工作环境和劳动条件下的津贴，国家法律、法规、规章规定的社会保险福利待遇。"也就是说，最低工资仅仅是劳动者在法定工作时间内正常履行工作义务的报酬，既不包括加班费，也不包括用人单位通过现金或银行卡转账支付给员工的住房补贴、伙食补贴、通讯补贴以及在特殊工作环境和劳动条件下的津贴等。

297. 劳动者未加班的，用人单位有权扣发工资吗？

工资是用人单位支付给劳动者在规定工作时间内履行工作义务的劳动报酬，加班费则是劳动者根据用人单位生产经营的需要而在规定工作时间之外继续进行工作所获得的报酬。劳动者自单位处领取的劳动报酬中可能会包括加班费，但加班费和工资并不等同，因为加班费是劳动者付出额外劳动而产生的合理报酬，如果劳动者不加班，用人单位自然也不必支付加班费，但用人单位也不能以劳动者未加班为由拒绝支付当日的工资。由此可见，劳动者未加班的，用人单位无权扣发劳动者工资。

298. 用人单位能随意安排劳动者加班吗？

我国《劳动法》第三十六条明确规定："国家实行劳动者每日工作时间不超过 8 小时、平均每周工作时间不超过 44 小时的工时制度。"此外，该法第四十一条规定："用人单位由于生产经营需要，经与工会和劳动者协商后可以延长工作时间，一般每日不得超过一小时；因特殊原因需要延长工作时间的，在保障劳动者身体健康的条件下延长工作时间每日不得超过三小时，但是每月不得超过三十六小时。"由此可知，用人单位是不能随意安排员工加班的。现实生活中，有些用人单位会在劳动合同中要求劳动者服从公司的加班安排，甚至事先在劳动合同中载明劳动者每周应加班的时间。即便是劳动者在签合同时同意了该条款，但由于法律关于加班时间的规定是强制性的，因此用人单位违法延长工作时间，事先约定也是没有法律效力的。

299. 用人单位能否以女职工怀孕为由降低其工资？

我国《女职工劳动保护特别规定》第五条规定："用人单位不得因女职工怀孕、生育、哺乳降低其工资、予以辞退、与其解除劳动或者聘用合同。"可见，孕期女职工是法律特殊保护的劳动者，用人单位不能因为女职工怀孕、生育、哺乳而降低工资或直接解除劳动合同。根据该规定第十四条，用人单位违反本规定，侵害女职工合法权益的，女职工可以依法投诉、举报、申诉，依法向劳动人事争议调解仲裁机构申请调解仲裁，对仲裁裁决不服的，依法向人民法院提起诉讼。因此，当女职工面临此种情形时，可以拿起法律武器保护自己的合法权益。

300. 上班期间突发疾病后经抢救无效死亡，可以被认定为工伤吗？

我国《工伤保险条例》第十五条第一款第一项规定，职工在工作时间和工作岗位，突发疾病死亡或者在48小时之内经抢救无效死亡的，视同工伤，享受工伤保险待遇。这一规定设定了三个条件，这三个条件必须同时满足，才能视同工伤。一是事故必须发生在工作时间内。这里的"工作时间"是广义的工作时间，不仅包括单位规定的正常工作时间，还包括加班加点的工作时间，以及工作间隙中的休息时间；二是事故必须发生在工作岗位。"工作岗位"既包括职工日常的工作岗位，也包括经用人单位指派和安排的其他工作岗位；三是职工突发疾病死亡或者48小时之内抢救无效死亡。"突发疾病"是指在上班期间职工突发职业病以外的由于职工自身原因而引起的疾病，包括与工作无关的各类疾病，如心脏病、脑出血、心肌梗死等。"48小时"的起算时间，以医疗机构的初次诊断时间作为突发疾病的起算时间。由此可见，如果职工在上班期间突发疾病，抢救无效死亡时间在48小时内的，则认定为工伤。如果职工突发疾病，在48小时外抢救无效死亡，则不能认定为工伤。

301. 公司组织旅游，员工在此期间突发疾病死亡，可以被认定为工伤吗？

我国《工伤保险条例》第十四条第一款第一项、第二项规定，在工作时间和工作场所内，因工作原因受到事故伤害的以及工作时间前后在工作场所内，从事与工作有关的预备性或者收尾性工作受到事故伤害的，应认定为工伤。同时，该法第十五条第一款第一项规定，在工作时间和工作岗位，突发疾病死亡或者在48小时之内经抢救无效死亡的，视同工伤，享受工伤保险待遇。据此可知，公司组织的外出虽然不是在工作时间内，但是这都是为了让员工有更好的状态去工作，一般应看作是工作时间的延伸。如果员工在这期间遭受伤害或突发疾病死亡，应当被认定为工伤，享受工伤待遇。

302. 劳动者申请劳动仲裁必须以书面的形式吗？

我国《劳动争议调解仲裁法》第二十八条规定："申请人申请仲裁应当提交书面仲裁申请，并按照被申请人人数提交副本。仲裁申请书应当载明下列事项：（一）劳动者的姓名、性别、年龄、职业、工作单位和住所，用人单位的名称、住所和法定代表人或者主要负责人的姓名、职务；（二）仲裁请求和所根据的事实、理由；（三）证据和证据来源、证人姓名和住所。书写仲裁申请确有困难的，可以口头申请，由劳动争议仲裁委员会记入笔录，并告知对方当事人。"可见，劳动者申请劳动仲裁原则上应当以书面形式提出，只有在书写确有困难的情况下，才可以口头申请。

303. 劳动者在什么情况下可以申请强制执行要求用人单位履行劳动仲裁结果？

我国《劳动争议调解仲裁法》第五十一条规定："当事人对发生法律效力的调解书、裁决书，应当依照规定的期限履行。一方当事人逾期不履行的，另一方当事人可以依照民事诉讼法的有关规定向人民法院申请执行。受理申请的人民法院应当依法执行。"也就是说，用人单位不能及时履行劳动仲裁裁决时，劳动者可以申请强制执行。强制执行的执行者是人民法院，强制执行的依据是合法的执行文书，包括发生法律效力的判决书、裁定书以及依法应由法院执行的其他法律文书，如仲裁裁决书。

第五章 刑事法律问答

一、犯罪与处罚

304. 醉酒状态下将他人打伤的，能否以当时神志不清为由而不负刑事责任？

我国《刑法》第十八条第四款规定："醉酒的人犯罪，应当负刑事责任。"第二百三十四条第一款规定："故意伤害他人身体的，处三年以下有期徒刑、拘役或管制。"由此可见，醉酒状态下将他人打伤的，仍应当承担刑事责任；故意喝酒、醉酒导致自己神志不清的，应当自负责任，不能免责，应当承担相应的刑事责任。

305. 间歇性精神病人在正常时候犯罪的，是否需要承担刑事责任？

我国《刑法》第十八条规定："精神病人在不能辨认或者不能控制自己行为的时候造成危害结果，经法定程序鉴定确认的，不负刑事责任，但是应当责令他的家属或者监护人严加看管和医疗；在必要的时候，由政府强制医疗。间歇性的精神病人在精神正常的时候犯罪，应当负刑事责任。尚未完全丧失辨认或者控制自己行为能力的精神病人犯罪的，应当负刑事责任，但是可以从轻或者减轻处罚。醉酒的人犯罪，应当负刑事责任。"由此可见，间歇性精神病人在正常的时候，是具有控制和辨认自己行为的能力的，因此，此时犯罪需要承担刑事责任。

306. 十五周岁的少年实施犯罪行为的，会不会因为年龄较小而不承担刑事责任？

我国《刑法》第十七条第一款规定："已满十六周岁的人犯罪，应当负刑事责任。"该条第二款规定："已满十四周岁不满十六周岁的人，犯故意杀人、故意伤害致人重伤或者死亡、强奸、抢劫、贩卖毒品、放火、爆炸、投放危险物质罪的，应当负刑事责任。"由此可见，十五周岁的少年需要对实施故意杀人、故意伤害致人重伤或者死亡等八种行为负责，实施该八种行为之外的犯罪行为，不需要承担刑事责任。

307. 对于犯故意伤人罪的罪犯，能否剥夺其政治权利？

我国《刑法》第五十四条规定："剥夺政治权利是剥夺下列权利：（一）选举权和被选举权；（二）言论、出版、集会、结社、游行、示威自由的权利；（三）担任国家机关职务的权利；（四）担任国有公司、企业、事业单位和人民团体领导职务的权利。"根据该法第五十六条、第五十七条的规定：对于危害国家安全的犯罪分子应当附加剥夺政治权利；对于故意杀人、强奸、放火、爆炸、投毒、抢劫等严重破坏社会秩序的犯罪分子，可以附加剥夺政治权利。对于被判处死刑、无期徒刑的犯罪分子，应当剥夺政治权利终身。由此可见，故意杀人罪是严重破坏社会秩序的恶劣的行为，对犯有此罪的犯罪分子，依法可以在判处刑期后附加剥夺政治权利。

308. 正在服刑的罪犯供述自己罪行的，是不是自首？

我国《刑法》第六十七条规定："犯罪以后自动投案，如实供述自己的罪行的，是自首。对于自首的犯罪分子，可以从轻或者减轻处罚。其中，犯罪较轻的，可以免除处罚。被采取强制措施的犯罪嫌疑人、被告人和正在服刑的罪犯，如实供述司法机关还未掌握的本人其他罪行的，以自首论。犯罪嫌疑人虽不具有前两款规定的自首情节，但是如实供述自己罪行的，可以从轻处罚；因其如实供述自己罪行，避免特别严重后果发生的，可以减轻处罚。"第六十八条规定："犯罪分子有揭发他人犯罪行为，查证属实的，或者提供重要线索，从而得以侦破其他案件等立功表现的，可以从轻或者减轻处罚；有重大立功表现的，可以减轻或者免除处罚。"由此可见，正在服刑的罪犯，想要达到自首的条件，需要向司法机关供述还未掌握的本人其他罪行。

309. 怀孕的妇女被判处一年有期徒刑的，可以适用缓刑吗？

我国《刑法》第七十二条规定："对于被判处拘役、三年以下有期徒刑的犯罪分子，同时符合下列条件的，可以宣告缓刑，对其中不满十八周岁的人、怀孕的妇女和已满七十五周岁的人，应当宣告缓刑：（一）犯罪情节较轻；（二）有悔罪表现；（三）没有再犯罪的危险；（四）宣告缓刑对所居住社区没有重大不良影响。宣告缓刑，可以根据犯罪情况，同时禁止犯罪分子在缓刑考验期限内从事特定活动，进入特定区域、场所，接触特定的人。被宣告缓刑的犯罪分子，如果被判处附加刑，附加刑仍须执行。"由此可见，对于被判处一年有期徒刑的怀孕妇女，如果其犯罪情节较轻、有悔罪表现、没有再犯风险以及适用缓刑对所在社区没有重大不良影响的，应当适用缓刑。

310. 在监狱有重大发明创造的，该行为是否属于立功表现？

我国《刑法》第七十八条第一款规定："被判处管制、拘役、有期徒刑、无期徒刑的犯罪分子，在执行期间，如果认真遵守监规，接受教育改造，确有悔改表现的，或者有立功表现的，可以减刑；有下列重大立功表现之一的，应当减刑：（一）阻止他人重大犯罪活动的；（二）检举监狱内外重大犯罪活动，经查证属实的；（三）有发明创造或者重大技术革新的；（四）在日常生产、生活中舍己救人的；（五）在抗御自然灾害或者排除重大事故中，有突出表现的；（六）对国家和社会有其他重大贡献的。"由此可见，在监狱内有发明创造或者重大技术革新的，属于重大立功，会依法被司法机关适用减刑。

311. 对于犯抢劫罪被判处十二年有期徒刑的罪犯，符合假释条件的，能否假释？

我国《刑法》第八十一条第一款规定："被判处有期徒刑的犯罪分子，执行原判刑期二分之一以上，被判处无期徒刑的犯罪分子，实际执行十三年以上，如果认真遵守监规，接受教育改造，确有悔改表现，没有再犯罪的危险的，可以假释。如果有特殊情况，经最高人民法院核准，可以不受上述执行刑期的限制。"该条第二款规定："对累犯以及因故意杀人、强奸、抢劫、绑架、放火、爆炸、投放危险物质或者有组织的暴力性犯罪被判处十年以上有期徒刑、无期徒刑的犯罪分子，不得假释。"由此可见，因犯抢劫罪被判处十二年有期徒刑的，由于其犯罪行为恶劣，即使符合假释条件，也不得被假释。

312. 向法院提出控告后，法院应当立案受理而未受理的案件，是否受追诉时效的限制？

我国《刑法》第八十七条规定："犯罪经过下列期限不再追诉：（一）法定最高刑为不满五年有期徒刑的，经过五年；（二）法定最高刑为五年以上不满十年有期徒刑的，经过十年；（三）法定最高刑为十年以上有期徒刑的，经过十五年；（四）法定最高刑为无期徒刑、死刑的，经过二十年。如果二十年以后认为必须追诉的，须报请最高人民检察院核准。"第八十八条规定："在人民检察院、公安机关、国家安全机关立案侦查或者在人民法院受理案件以后，逃避侦查或者审判的，不受追诉期限的限制。被害人在追诉期限内提出控告，人民法院、人民检察院、公安机关应当立案而不予立案的，不受追诉期限的限制。"第八十九条规定："追诉期限从犯罪之日起计算；犯罪行为有连续或者继续状态的，从犯罪行为终了之日起计算。在追诉期限以内又犯罪的，前罪追诉的期限从犯后罪之日起计算。"由此可见，被害人向法院提出控告后，法院应当立案受理而未立案的，该案件不受追诉时效的限制。

313. 只要是正当防卫，就无须承担刑事责任吗？

我国《刑法》第二十条规定："为了使国家、公共利益、本人或者他人的人身、财产和其他权利免受正在进行的不法侵害，而采取的制止不法侵害的行为，对不法侵害人造成损害的，属于正当防卫，不负刑事责任。正当防卫明显超过必要限度造成重大损害的，应当负刑事责任，但是应当减轻或者免除处罚。对正在进行行凶、杀人、抢劫、强奸、绑架以及其他严重危及人身安全的暴力犯罪，采取防卫行为，造成不法侵害人伤亡的，不属于防卫过当，不负刑事责任。"由此可见，不是只要属于正当防卫就不需要承担刑事责任，还需要考虑该行为是一般防卫还是特殊防卫。行为属于一般正当防卫时，确实不负刑事责任，不过该行为不能明显超过必要限度造成重大损害，否则属于防卫过当，依然要承担刑事责任。行为属于特殊正当防卫的，如对正在进行的杀人、抢劫等行为进行防卫，即使造成损害也不需要承担刑事责任。

二、常见犯罪

314. 利用电脑和手机搜集和保存大量恐怖主义视频的,是否会受到刑事处罚?

我国《刑法》第一百二十条之六规定:"明知是宣扬恐怖主义、极端主义的图书、音频视频资料或者其他物品而非法持有,情节严重的,处三年以下有期徒刑、拘役或者管制,并处或者单处罚金。"由此可见,利用电脑和手机搜集并保存大量恐怖主义视频,已经达到情节严重的程度的,必然要受到刑事法律的处罚。

315. 在兵营附近捡拾到散落的子弹并藏匿的,可能会受到什么刑事处罚?

我国《刑法》第一百二十八条第一款规定:"违反枪支管理规定,非法持有、私藏枪支、弹药的,处三年以下有期徒刑、拘役或者管制;情节严重的,处三年以上七年以下有期徒刑。"我国《枪支管理法》第三条第一款规定:"国家严格管制枪支。禁止任何单位或者个人违反法律规定持有、制造(包括变造、装配)、买卖、运输、出租、出借枪支。"由此可见,将捡拾的子弹藏匿的,属于非法持有和藏匿弹药,情节较轻的,处三年以下有期徒刑、拘役或者管制;

情节严重的，处三年以上七年以下有期徒刑。

316. 校车超员载客被警察查到的，是否需要负刑事责任？

《刑法》第一百三十三条之一规定："在道路上驾驶机动车，有下列情形之一的，处拘役，并处罚金：（一）追逐竞驶，情节恶劣的；（二）醉酒驾驶机动车的；（三）从事校车业务或者旅客运输，严重超过额定乘员载客，或者严重超过规定时速行驶的；（四）违反危险化学品安全管理规定运输危险化学品，危及公共安全的。机动车所有人、管理人对前款第三项、第四项行为负有直接责任的，依照前款的规定处罚。有前两款行为，同时构成其他犯罪的，依照处罚较重的规定定罪处罚。"由此可见，校车如果是严重超员载客的，需要负刑事责任，根据情节的严重程度，可能被判处拘役并处罚金。

317. 向不特定社会成员筹集资金的，是否构成集资诈骗罪？

我国《刑法》第一百九十二条规定："以非法占有为目的，使用诈骗方法非法集资，数额较大的，处三年以上七年以下有期徒刑，并处罚金；数额巨大或者有其他严重情节的，处七年以上有期徒刑或者无期徒刑，并处罚金或者没收财产。单位犯前款罪的，对单位判处罚金，并对其直接负责的主管人员和其他直接责任人员，依照前款的规定处罚。"由此可见，向社会不特定成员筹集资金，如果构成集资诈骗罪，需要以非法占有为目的，使用诈骗的手段，单纯的筹集资金行为，并不构成集资诈骗罪，但是可能构成非法吸收公众存款罪。

318. 捡拾他人信用卡进行刷卡购物的，是否构成信用卡诈骗罪？

我国《刑法》第一百九十六条第一款规定："有下列情形之一，进行信用卡诈骗活动，数额较大的，处五年以下有期徒刑或者拘役，并处二万元以上二十万元以下罚金；数额巨大或者有其他严重情节的，处五年以上十年以下有期徒刑，并处五万元以上五十万元以下罚金；数额特别巨大或者有其他特别严重情节的，处十年以上有期徒刑或者无期徒刑，并处五万元以上五十万元以下罚金或者没收财产：（一）使用伪造的信用卡，或者使用以虚假的身份证明骗领的信用卡的；（二）使用作废的信用卡的；（三）冒用他人信用卡的；（四）恶意透支的。"该条第二款规定："前款所称恶意透支，是指持卡人以非法占有为目的，超过规定限额或者规定期限透支，并且经发卡银行催收后仍不归还的行为。"由此可见，捡拾信用卡而刷卡消费的，属于冒用他人信用卡，是否构成犯罪要看是否达到数额较大的程度，界定标准一般为5000元，如果达到数额较大的程度会构成信用卡诈骗罪。

319. 组织参加传销活动的，可能会受到什么刑事处罚？

我国《刑法》第二百二十四条之一规定："组织、领导以推销商品、提供服务等经营活动为名，要求参加者以缴纳费用或者购买商品、服务等方式获得加入资格，并按照一定顺序组成层级，直接或者间接以发展人员的数量作为计酬或者返利依据，引诱、胁迫参加者继续发展他人参加，骗取财物，扰乱经济社会秩序的传销活动的，处五年以下有期徒刑或者拘役，并处罚金；情节严重的，处五年以上有期徒刑，并处罚金。"由此可见，组织参加传销活动是严重扰乱社会经济秩序的行为，可能被判处五年以下有期徒刑或者拘役，并处罚金，情节严重的，处五年以上有期徒刑，并处罚金。

320. 公司经理利用职务之便，收受他人财物，为他人谋取不正当利益的，构成何罪？

我国《刑法》第一百六十三条第一款规定："公司、企业或者其他单位的工作人员，利用职务上的便利，索取他人财物或者非法收受他人财物，为他人谋取利益，数额较大的，处三年以下有期徒刑或者拘役，并处罚金；数额巨大或者有其他严重情节的，处三年以上十年以下有期徒刑，并处罚金；数额特别巨大或者有其他特别严重情节的，处十年以上有期徒刑或者无期徒刑，并处罚金。"该条第二款规定："公司、企业或者其他单位的工作人员在经济往来中，利用职务上的便利，违反国家规定，收受各种名义的回扣、手续费，归个人所有的，依照前款的规定处罚。"由此可见，公司经理利用职务之便，收受财物，为他人谋取非法利益的，构成非国家工作人员受贿罪，数额较大的，处五年以下有期徒刑或者拘役；数额巨大的，处五年以上有期徒刑，可以并处没收财产。

321. 纠集社会人员，在马路上随意拦截他人，打砸、辱骂的，是否构成犯罪？

我国《刑法》第二百九十三条规定："有下列寻衅滋事行为之一，破坏社会秩序的，处五年以下有期徒刑、拘役或者管制：（一）随意殴打他人，情节恶劣的；（二）追逐、拦截、辱骂、恐吓他人，情节恶劣的；（三）强拿硬要或者任意损毁、占用公私财物，情节严重的；（四）在公共场所起哄闹事，造成公共场所秩序严重混乱的。纠集他人多次实施前款行为，严重破坏社会秩序的，处五年以上十年以下有期徒刑，可以并处罚金。"由此可见，纠集社会人员，在马路上随意拦截他人，进行辱骂等行为的，构成寻衅滋事罪，应当受到刑事处罚。

322. 在足球场外当众焚烧国旗，会面临什么处罚？

我国《刑法》第二百九十九条规定："在公共场合，故意以焚烧、毁损、涂划、玷污、践踏等方式侮辱中华人民共和国国旗、国徽的，处三年以下有期徒刑、拘役、管制或者剥夺政治权利。在公共场合，故意篡改中华人民共和国国歌歌词、曲谱，以歪曲、贬损方式奏唱国歌，或者以其他方式侮辱国歌，情节严重的，依照前款的规定处罚。"由此可见，在足球场外当众焚烧国旗的，已经构成犯罪，会面临三年以下有期徒刑、拘役、管制或者剥夺政治权利的处罚。

323. 为犯罪的好友提供住处，躲避侦查的，会面临什么处罚？

我国《刑法》第三百一十条规定："明知是犯罪的人而为其提供隐藏处所、财物，帮助其逃匿或者作假证明包庇的，处三年以下有期徒刑、拘役或者管制；情节严重的，处三年以上十年以下有期徒刑。犯前款罪，事前通谋的，以共同犯罪论处。"由此可见，为犯罪的好友提供住处，帮助其躲避侦查的，已经构成窝藏罪，处三年以下有期徒刑、拘役或者管制；情节严重的，处三年以上十年以下有期徒刑。

324. 编造所在小区多人感染新冠病毒，对外扩散造成恐慌的，构成犯罪吗？

我国《刑法》第二百九十一条之一第二款规定："编造虚假的险情、疫情、灾情、警情，在信息网络或者其他媒体上传播，或者明知是上述虚假信息，故意在信息网络或者其他媒体上传播，严重扰乱社会秩序的，处三年以下有期徒刑、拘役或者管制；造成严重后果的，处三年以上七年以下有期徒刑。"由此可见，编造所在小区多人感染新冠病毒，对外扩散造成恐慌的，已经严重扰乱了社会秩序，属于犯罪行为，应当承担刑事责任。

325. 在传染病流行期间，已出现症状但拒绝隔离而传染多人的，会承担刑事责任吗？

《最高人民法院、最高人民检察院关于办理妨害预防、控制突发传染病疫情等灾害的刑事案件具体应用法律若干问题的解释》第一条第二款规定："患有突发传染病或者疑似突发传染病而拒绝接受检疫、强制隔离或者治疗，过失造成传染病传播，情节严重，危害公共安全的，依照刑法第一百一十五条第二款的规定，按照过失以危险方法危害公共安全罪定罪处罚。"由此可见，在传染病流行期间，已出现症状但拒绝隔离而传染多人的，属于严重危害公共安全的行为，会承担刑事责任，处三年以上七年以下有期徒刑；情节较轻的，处三年以下有期徒刑或者拘役。

326. 被判赔偿他人损失的人挥霍财产，拒绝执行生效判决的，会受到什么处罚？

我国《刑法》第三百一十三条规定："对人民法院的判决、裁定有能力执行而拒不执行，情节严重的，处三年以下有期徒刑、拘役或者罚金；情节特别严重的，处三年以上七年以下有期徒刑，并处罚金。单位犯前款罪的，对单位判处罚金，并对其直接负责的主管人员和其他直接责任人员，依照前款的规定处罚。"由此可见，被判赔偿他人损失的人，挥霍财产，拒绝执行生效判决的，已经构成犯罪，情节严重的，会被处三年以下有期徒刑、拘役或者罚金；情节特别严重的，处三年以上七年以下有期徒刑，并处罚金。

327. 偷猎藏羚羊的，涉嫌什么罪？

我国《刑法》第三百四十一条第一款规定："非法猎捕、杀害国家重点保护的珍贵、濒危野生动物的，或者非法收购、运输、出售国家重点保护的珍贵、濒危野生动物及其制品的，处五年以下有期徒刑或者拘役，并处罚金；情节严重的，处五年以上十年以下有期徒刑，并处罚金；情节特别严重的，处十年以上有期徒刑，并处罚金或者没收财产。"藏羚羊属于我国重点保护的野生动物，偷猎、偷捕的，构成非法猎捕珍贵、濒危野生动物罪。

328. 召集吸毒人员在自己家中吸毒的，召集人可能受到什么处罚？

我国《刑法》第三百五十四条规定："容留他人吸食、注射毒品的，处三年以下有期徒刑、拘役或者管制，并处罚金。"由此可见，召集吸毒人员在自己家中吸毒的，属于容留他人吸毒的行为，根据情节的严重性，可能判处三年以下有期徒刑、拘役或者管制，并处罚金。

329. 容留他人在住处从事卖淫活动的，是否需要承担刑事责任？

我国《刑法》第三百五十九条规定："引诱、容留、介绍他人卖淫的，处五年以下有期徒刑、拘役或者管制，并处罚金；情节严重的，处五年以上有期徒刑，并处罚金。引诱不满十四周岁的幼女卖淫的，处五年以上有期徒刑，并处罚金。"由此可见，容留他人在住处从事卖淫活动的，已经构成犯罪，需要承担刑事责任。此外，引诱或者介绍他人卖淫的，也需要承担刑事责任。

330. 虚构事实，当众拉横幅诽谤他人的，如何处理？

我国《刑法》第二百四十六条规定："以暴力或者其他方法公

然侮辱他人或者捏造事实诽谤他人，情节严重的，处三年以下有期徒刑、拘役、管制或者剥夺政治权利。前款罪，告诉的才处理，但是严重危害社会秩序和国家利益的除外。通过信息网络实施第一款规定的行为，被害人向人民法院告诉，但提供证据确有困难的，人民法院可以要求公安机关提供协助。"由此可见，虚构事实，当众拉横幅诽谤他人，给他人带来不良影响的，已经涉嫌诽谤罪，情节严重的，处三年以下有期徒刑、拘役、管制或者剥夺政治权利。

331. 扣押他人后，为了防止其逃跑将其捆绑，但是由于捆绑太紧造成被害人被勒窒息而死的，能否以故意杀人罪论处？

我国《刑法》第二百三十八条规定："非法拘禁他人或者以其他方法非法剥夺他人人身自由的，处三年以下有期徒刑、拘役、管制或者剥夺政治权利。具有殴打、侮辱情节的，从重处罚。犯前款罪，致人重伤的，处三年以上十年以下有期徒刑；致人死亡的，处十年以上有期徒刑。使用暴力致人伤残、死亡的，依照本法第二百三十四条、第二百三十二条的规定定罪处罚。为索取债务非法扣押、拘禁他人的，依照前两款的规定处罚。国家机关工作人员利用职权犯前三款罪的，依照前三款的规定从重处罚。"由此可见，扣押他人后，为了防止其逃跑将其捆绑，但是由于捆绑太紧，被害人被勒窒息而死，其损害后果属于拘禁行为本身造成的死亡，仍应当以非法拘禁罪论处。

332. 使用暴力拉扯、猥亵独自夜跑的女性的，如何处罚？

所谓猥亵，是指为了满足性欲或寻求刺激，用性交之外的方法实施的淫秽下流行为。我国《刑法》第二百三十七条第一款规定："以暴力、胁迫或者其他方法强制猥亵他人或者侮辱妇女的，处五年以下有期徒刑或者拘役。"该条第二款规定："聚众或者在公共场所当众犯前款罪的，或者有其他恶劣情节的，处五年以上有期徒刑。"由此可见，在夜晚无人的马路上，使用暴力拉扯、猥亵独自夜跑的女性的，其行为属于强制猥亵妇女，可能被判处五年以下有期徒刑或者拘役。

333. 强奸罪有哪些法定加重情节？

我国《刑法》第二百三十六条规定："以暴力、胁迫或者其他手段强奸妇女的，处三年以上十年以下有期徒刑。奸淫不满十四周岁的幼女的，以强奸论，从重处罚。强奸妇女、奸淫幼女，有下列情形之一的，处十年以上有期徒刑、无期徒刑或者死刑：（一）强奸妇女、奸淫幼女情节恶劣的；（二）强奸妇女、奸淫幼女多人的；（三）在公共场所当众强奸妇女、奸淫幼女的；（四）二人以上轮奸的;（五）奸淫不满十周岁的幼女或者造成幼女伤害的;（六）致使被害人重伤、死亡或者造成其他严重后果的。"由此可见，强奸罪的法定加重情节主要包括六个方面：强奸妇女、奸淫幼女情节恶劣的；强奸妇女、奸淫幼女多人的；在公共场所当众强奸妇女、奸淫幼女的；二人以上轮奸的；奸淫不满十周岁的幼女或者造成幼女伤害的；致使被害人重伤、死亡或者造成其他严重后果的。

334. 错告他人的，能否以诬告陷害罪处罚？

我国《刑法》第二百四十三条规定："捏造事实诬告陷害他人，意图使他人受刑事追究，情节严重的，处三年以下有期徒刑、拘役或者管制；造成严重后果的，处三年以上十年以下有期徒刑。国家机关工作人员犯前款罪的，从重处罚。不是有意诬陷，而是错告，或者检举失实的，不适用前两款的规定。"由此可见，诬告陷害罪的核心在于客观上捏造事实诬告陷害他人，主观上有意图使他人受到刑事处罚的故意，而错告他人不属于诬告陷害罪的处罚范围。

335. 因嫌弃新生婴儿长相丑陋，将其扔在人流大的公园的，会受到什么处罚？

我国《刑法》第二百六十一条规定："对于年老、年幼、患病或者其他没有独立生活能力的人，负有扶养义务而拒绝扶养，情节恶劣的，处五年以下有期徒刑、拘役或者管制。"由此可见，因嫌弃新生婴儿长相丑陋，将其扔在人流大的公园的，属于法律中的遗弃罪，情节恶劣的，处五年以下有期徒刑、拘役或者管制。

336. 幼儿园老师虐待孩童，造成多名孩童身体多处伤痕的，该教师可能面临什么处罚？

我国《刑法》第二百六十条之一第一款规定："对未成年人、老年人、患病的人、残疾人等负有监护、看护职责的人虐待被监护、看护的人，情节恶劣的，处三年以下有期徒刑或者拘役。"由此可见，托管式幼儿园老师随意殴打、谩骂孩童，造成多名孩童身体多处伤痕的，构成虐待被看护人罪，应当承担刑事责任，对于孩童造成轻伤以上结果的，还应当承担故意伤害罪的刑事责任。

337. 替好友保管名画后，拒绝退还的，是否会受到刑事处罚？

我国《刑法》第二百七十条规定："将代为保管的他人财物非法占为己有，数额较大，拒不退还的，处二年以下有期徒刑、拘役或者罚金；数额巨大或者有其他严重情节的，处二年以上五年以下有期徒刑，并处罚金。将他人的遗忘物或者埋藏物非法占为己有，数额较大，拒不交出的，依照前款的规定处罚。本条罪，告诉的才处理。"由此可见，替好友保管名画后，对画心生喜欢，拒绝退还的，已经构成侵占罪，应当受到刑法处罚。

338. 挪用公司大量资金进行赌博活动的，构成什么罪？

我国《刑法》第二百七十二条第一款规定："公司、企业或者其他单位的工作人员，利用职务上的便利，挪用本单位资金归个人使用或者借贷给他人，数额较大、超过三个月未还的，或者虽未超过三个月，但数额较大、进行营利活动的，或者进行非法活动的，处三年以下有期徒刑或者拘役；挪用本单位资金数额巨大的，处三年以上七年以下有期徒刑；数额特别巨大的，处七年以上有期徒刑。"由此可见，挪用公司大量资金进行赌博等非法活动的，可能构成挪用资金罪。

339. 携带凶器抢夺，而没有使用凶器的，也构成抢劫吗？

我国《刑法》第二百六十七条明确规定："抢夺公私财物，数额较大的，或者多次抢夺的，处三年以下有期徒刑、拘役或者管制，并处或者单处罚金……携带凶器抢夺的，依照本法第二百六十三条的规定定罪处罚。"《刑法》第二百六十三条规定的是抢劫罪。由此可见，携带凶器抢夺的，以抢劫罪论处。这是一种刑法中的转化，"携带凶器"不是必须使用，对于携带的理解应该是单纯携带，并能够随时使用，也即该行为对被害人具备危险性。

340. 利用亲友是某国家机关的领导的背景，收受财物为他人谋取利益的，如何处罚？

我国《刑法》第三百八十八条之一规定："国家工作人员的近亲属或者其他与该国家工作人员关系密切的人，通过该国家工作人员职务上的行为，或者利用该国家工作人员职权或者地位形成的便利条件，通过其他国家工作人员职务上的行为，为请托人谋取不正当利益，索取请托人财物或者收受请托人财物，数额较大或者有其他较重情节的，处三年以下有期徒刑或者拘役，并处罚金；数额巨大或者有其他严重情节的，处三年以上七年以下有期徒刑，并处罚金；数额特别巨大或者有其他特别严重情节的，处七年以上有期徒刑，并处罚金或者没收财产。离职的国家工作人员或者其近亲属以及其他与其关系密切的人，利用该离职的国家工作人员原职权或者地位形成的便利条件实施前款行为的，依照前款的规定定罪处罚。"

由此可见，利用亲友是某国家机关领导，收受财物为他人谋取利益，许诺为他人办理事务的，属于利用影响力受贿的情形，应当受到处罚，数额较大或者有其他较重情节的，处三年以下有期徒刑或者拘役，并处罚金，其他严重情形按照法律规定处罚。

第六章　诉讼法律问答

一、民事诉讼

341. 已超过诉讼时效，如果起诉，案件还会被受理吗?

我国《最高人民法院关于适用〈中华人民共和国民事诉讼法〉的解释》第二百一十九条规定："当事人超过诉讼时效期间起诉的，人民法院应予受理。受理后对方当事人提出诉讼时效抗辩，人民法院经审理认为抗辩事由成立的，判决驳回原告的诉讼请求。"由此可见，当事人超过诉讼时效起诉的，案件还会被受理。

342. 儿童伤人的，谁是被告?

我国法律规定，在未成年子女对国家、集体或他人造成损害时，父母有承担民事责任的义务。《最高人民法院关于适用〈中华人民共和国民事诉讼法〉的解释》第六十七条规定："无民事行为能力人、限制民事行为能力人造成他人损害的，无民事行为能力人、限制民事行为能力人和其监护人为共同被告。"由此可见，儿童伤人的，该儿童和其监护人应当被列为共同被告，这里的监护人，通常为父母。

343. 恶意起诉的，会承担怎样的法律后果？

恶意起诉是指当事人为牟取不正当利益，与他人恶意串通而提起诉讼，其不但损害了他人的正当利益，而且浪费了司法资源。对此，我国《民事诉讼法》第一百一十二条规定："当事人之间恶意串通，企图通过诉讼、调解等方式侵害他人合法权益的，人民法院应当驳回其请求，并根据情节轻重予以罚款、拘留；构成犯罪的，依法追究刑事责任。"由此可见，当事人恶意起诉，可能承担罚款、拘留的行政责任，甚至是刑事责任。

344. 员工能否被单位委托为诉讼代理人？

诉讼代理人是指以当事人的名义，根据法律规定或者当事人的授权，实施起诉、应诉或者接受诉讼等行为的人。我国《民事诉讼法》第五十八条规定："当事人、法定代理人可以委托一至二人作为诉讼代理人。下列人员可以被委托为诉讼代理人：（一）律师、基层法律服务工作者；（二）当事人的近亲属或者工作人员；（三）当事人所在社区、单位以及有关社会团体推荐的公民。"此外，根据《最高人民法院关于适用〈中华人民共和国民事诉讼法〉的解释》第八十五条至八十七条的规定，上述当事人的近亲属，是指与当事人有夫妻、直系血亲、三代以内旁系血亲、近姻亲关系以及其他有抚养、赡养关系的亲属；上述工作人员是指与当事人有合法劳动人事关系的职工；有关社会团体推荐公民担任诉讼代理人的，应当符合下列条件：（一）社会团体属于依法登记设立或者依法免予登记设立的非营利性法人组织；（二）被代理人属于该社会团体的成员，或者当事人一方住所地位于该社会团体的活动地域；（三）代理事务属于该社会团体章程载明的业务范围；（四）被推荐的公民是该社会团体的负责人或者与该社会团体有合法劳动人事关系的工作人员。由此可见，与当事人存在合法劳动关系的职工可以被委托为诉讼代理人。

345. 诉讼代理人能否代替当事人与对方进行民事和解？

我国《民事诉讼法》第六十一条规定："代理诉讼的律师和其他诉讼代理人有权调查收集证据，可以查阅本案有关材料。查阅本案有关材料的范围和办法由最高人民法院规定。"该法第五十九条第一款规定："委托他人代为诉讼，必须向人民法院提交由委托人签名或者盖章的授权委托书。"该条第二款规定："授权委托书必须记明委托事项和权限。诉讼代理人代为承认、放弃、变更诉讼请求，进行和解，提起反诉或者上诉，必须有委托人的特别授权。"由此可见，和解需要委托人的特别授权，并且需要在委托书中明确注明委托事项和权限，否则，不能代为和解。

346. 当事人人数众多时，法院会不会直接指定部分人员作为代表？

我国《民事诉讼法》第五十四条规定："诉讼标的是同一种类、当事人一方人数众多在起诉时人数尚未确定的，人民法院可以发出公告，说明案件情况和诉讼请求，通知权利人在一定期间向人民法院登记。向人民法院登记的权利人可以推选代表人进行诉讼；推选不出代表人的，人民法院可以与参加登记的权利人商定代表人。代表人的诉讼行为对其所代表的当事人发生效力，但代表人变更、放弃诉讼请求或者承认对方当事人的诉讼请求，进行和解，必须经被代表的当事人同意。人民法院作出的判决、裁定，对参加登记的全体权利人发生效力。未参加登记的权利人在诉讼时效期间提起诉讼的，适用该判决、裁定。"由此可见，出于对当事人诉讼权利的保护，向法院登记的权利人人数众多时，首先是当事人内部商议进行推选代表人，推选不出的，在法院的主持下可以商定代表人，但是法院不会直接指定代表人。

347. 法律中的"经常居住地"是不是公民的住所地？

《最高人民法院关于适用〈中华人民共和国民事诉讼法〉的解释》第三条规定："公民的住所地是指公民的户籍所在地，法人或者其他组织的住所地是指法人或者其他组织的主要办事机构所在地。法人或者其他组织的主要办事机构所在地不能确定的，法人或者其他组织的注册地或者登记地为住所地。"第四条规定："公民的经常居住地是指公民离开住所地至起诉时已连续居住一年以上的地方，但公民住院就医的地方除外。"由此可见，公民的经常居住地与住所地并不一致，住所地简单来说就是户口本上标注的地点，而经常居住地是公民除住院就医等，离开住所地至起诉时连续居住一年以上时间的地方。

348. 案件受理后，当事人住所变更的，是否需要重新起诉？

《最高人民法院关于适用〈中华人民共和国民事诉讼法〉的解释》第三十七条规定："案件受理后，受诉人民法院的管辖权不受当事人住所地、经常居住地变更的影响。"由此可见，案件受理后，法院即取得案件的管辖权，之后，即使当事人变更住所的，也不会影响到法院的管辖，当事人也不需要重新起诉。

349. 经营者使用格式条款约定管辖法院，但是未告知消费者该信息的，消费者能否主张该约定无效？

《最高人民法院关于适用〈中华人民共和国民事诉讼法〉的解释》第三十条规定："根据管辖协议，起诉时能够确定管辖法院的，从其约定；不能确定的，依照民事诉讼法的相关规定确定管辖。管辖协议约定两个以上与争议有实际联系的地点的人民法院管辖，原告可以向其中一个人民法院起诉。"第三十一条规定："经营者使用格式条款与消费者订立管辖协议，未采取合理方式提请消费者注意，消费者主张管辖协议无效的，人民法院应予支持。"第三十二条规定："管辖协议约定由一方当事人住所地人民法院管辖，协议签订后当事人住所地变更的，由签订管辖协议时的住所地人民法院管辖，但当事人另有约定的除外。"第三十三条规定："合同转让的，合同的管辖协议对合同受让人有效，但转让时受让人不知道有管辖协议，或者转让协议另有约定且原合同相对人同意的除外。"由此可见，当事人可以签订协议确定管辖法院，以处理可能出现的争议问题,但是经营者使用自己事先拟定的格式条款与消费者签订管辖协议的,应当提请消费者注意该规定,未告知消费者的,消费者可以向法院主张该协议无效。

350. 当事人主张自己权利受到侵害的,是否需要提供证据证明?

举证责任的规则简单来讲就是"谁主张,谁举证",即提出事实或请求的一方,要对自己提出的事实或请求提出证据,加以证明。《最高人民法院关于适用〈中华人民共和国民事诉讼法〉的解释》第九十一条规定:"人民法院应当依照下列原则确定举证证明责任的承担,但法律另有规定的除外:(一)主张法律关系存在的当事人,应当对产生该法律关系的基本事实承担举证证明责任;(二)主张法律关系变更、消灭或者权利受到妨害的当事人,应当对该法律关系变更、消灭或者权利受到妨害的基本事实承担举证证明责任。"由此可见,主张权利受侵害的当事人需要对权利受到侵害的事实承担举证证明责任。

351. 因证据涉及他人隐私,无法自行收集的,能否申请法院收集?

《最高人民法院关于适用〈中华人民共和国民事诉讼法〉的解释》第九十四条规定:"民事诉讼法第六十四条第二款规定的当事人及其诉讼代理人因客观原因不能自行收集的证据包括:(一)证据由国家有关部门保存,当事人及其诉讼代理人无权查阅调取的;(二)涉及国家秘密、商业秘密或者个人隐私的;(三)当事人及其诉讼代理人因客观原因不能自行收集的其他证据。当事人及其诉讼代理人因客观原因不能自行收集的证据，可以在举证期限届满前书面申请人民法院调查收集。"由此可见，涉及他人隐私的证据属于因客观原因不能自行收集的证据，当事人可以申请法院调取，但是应当在举证期限届满前向法院提出书面申请。

352. 由于证据收集难度较大，无法在规定时间内收集的，当事人能否申请延长举证期限？

《最高人民法院关于适用〈中华人民共和国民事诉讼法〉的解释》第一百条规定："当事人申请延长举证期限的，应当在举证期限届满前向人民法院提出书面申请。申请理由成立的，人民法院应当准许，适当延长举证期限，并通知其他当事人。延长的举证期限适用于其他当事人。申请理由不成立的，人民法院不予准许，并通知申请人。"由此可见，当事人认为证据收集难度较大，无法在规定的期限内收集的，可以在举证期限届满前向法院书面申请延长举证期限。法院根据当事人的申请理由作出允许或者拒绝的决定。

353. 被告对于原告逾期提供的证据进行答辩的，该证据是否属于逾期提供的证据？

《最高人民法院关于适用〈中华人民共和国民事诉讼法〉的解释》第一百零一条规定："当事人逾期提供证据的，人民法院应当责令其说明理由，必要时可以要求其提供相应的证据。当事人因客观原因逾期提供证据，或者对方当事人对逾期提供证据未提出异议的，视为未逾期。"由此可见，被告对原告逾期提供的证据进行书面答辩的，属于对提供证据的逾期情况未提出异议，视为未逾期。

354. 对方当事人拒不提交保存的关键书证的，法院会怎样处理？

《最高人民法院关于适用〈中华人民共和国民事诉讼法〉的解释》第一百一十二条规定："书证在对方当事人控制之下的，承担举证证明责任的当事人可以在举证期限届满前书面申请人民法院责令对方当事人提交。申请理由成立的，人民法院应当责令对方当事人提交，因提交书证所产生的费用，由申请人负担。对方当事人无正当理由拒不提交的，人民法院可以认定申请人所主张的书证内容为真实。"由此可见，对于案件关键书证被对方当事人保存的，一方当事人可以向法院申请责令对方提交，对方无正当理由拒不提交的，视为申请人主张的书证内容真实存在，不利后果由对方承担。

355. 当事人需要申请证人出庭的，应当何时提出申请？

我国《最高人民法院关于适用〈中华人民共和国民事诉讼法〉的解释》第一百一十七条规定："当事人申请证人出庭作证的，应当在举证期限届满前提出。符合本解释第九十六条第一款规定情形的，人民法院可以依职权通知证人出庭作证。未经人民法院通知，证人不得出庭作证，但双方当事人同意并经人民法院准许的除外。"由此可见，当事人需要申请证人出庭的，应当在举证期限届满前提出申请。

356. 十岁孩童出庭作证，未签保证书的，能否作证？

《最高人民法院关于民事诉讼证据的若干规定》第七十一条规定："人民法院应当要求证人在作证之前签署保证书，并在法庭上宣读保证书的内容。但无民事行为能力人和限制民事行为能力人作为证人的除外。证人确有正当理由不能宣读保证书的，由书记员代为宣读并进行说明。证人拒绝签署或者宣读保证书的，不得作证，并自行承担相关费用。证人保证书的内容适用当事人保证书的规定。"由此可见，十岁孩童在民法上为限制民事行为能力人，其出庭作证，未签署保证书，证言仍然有效，可以作证。

357. 根据已发生法律效力的判决请求侵权赔偿的，对于侵权事实的存在，当事人是否需要提供证据予以证明？

《最高人民法院关于民事诉讼证据的若干规定》第十条规定："下列事实，当事人无须举证证明：（一）自然规律以及定理、定律；（二）众所周知的事实；（三）根据法律规定推定的事实；（四）根据已知的事实和日常生活经验法则推定出的另一事实；（五）已为仲裁机构的生效裁决所确认的事实；（六）已为人民法院发生法律效力的裁判所确认的基本事实；（七）已为有效公证文书所证明的事实。前款第二项至第五项事实，当事人有相反证据足以反驳的除外；第六项、第七项事实，当事人有相反证据足以推翻的除外。"由此可见，对于已发生法律效力的判决所确定的侵权事实，当事人不需要提供证据，但是，如果对方提供相反证据证明已有判决确有错误的,当事人对于该侵权事实仍然需要提供证据加以证明。

358. 当事人提供的往来邮件是不是电子数据?

《最高人民法院关于民事诉讼证据的若干规定》第十四条规定:"电子数据包括下列信息、电子文件:(一)网页、博客、微博客等网络平台发布的信息;(二)手机短信、电子邮件、即时通信、通讯群组等网络应用服务的通信信息;(三)用户注册信息、身份认证信息、电子交易记录、通信记录、登录日志等信息;(四)文档、图片、音频、视频、数字证书、计算机程序等电子文件;(五)其他以数字化形式存储、处理、传输的能够证明案件事实的信息。"由此可见,当事人提供的往来邮件,在本质上属于通信信息,对于案件的事实能够起到证明作用,是电子数据。

359. 当事人在要债时,对往来电话录音的,该录音证据能否作为证据使用?

《最高人民法院关于适用〈中华人民共和国民事诉讼法〉的解释》第一百零六条规定:"对以严重侵害他人合法权益、违反法律禁止性规定或者严重违背公序良俗的方法形成或者获取的证据,不得作为认定案件事实的根据。"由此可见,法律对以非法方式获取的证据是不认可的。但是,当事人的要债行为属于主张权利的行为,对电话进行录音,其方式合法,可以作为证据使用。

360. 当事人申请鉴定后，能否拒绝预交鉴定费？

《最高人民法院关于民事诉讼证据的若干规定》第三十一条规定："当事人申请鉴定，应当在人民法院指定期间内提出，并预交鉴定费用。逾期不提出申请或者不预交鉴定费用的，视为放弃申请。对需要鉴定的待证事实负有举证责任的当事人，在人民法院指定期间内无正当理由不提出鉴定申请或者不预交鉴定费用，或者拒不提供相关材料，致使待证事实无法查明的，应当承担举证不能的法律后果。"第三十二条第一款规定："人民法院准许鉴定申请的，应当组织双方当事人协商确定具备相应资格的鉴定人。当事人协商不成的，由人民法院指定。"该条第二款规定："人民法院依职权委托鉴定的，可以在询问当事人的意见后，指定具备相应资格的鉴定人。"由此可见，当事人在申请鉴定得到法院同意后，应当及时预交鉴定费，拒绝预交鉴定费的，视为放弃鉴定申请，后果由当事人自己承担。

361. 为了让证言对己方有利，当事人花钱收买证人的，会受到什么处罚？

《最高人民法院关于民事诉讼证据的若干规定》第七十八条规定："当事人及其诉讼代理人对证人的询问与待证事实无关，或者存在威胁、侮辱证人或不适当引导等情形的，审判人员应当及时制止。必要时可以依照民事诉讼法第一百一十条、第一百一十一条的规定进行处罚。证人故意作虚假陈述，诉讼参与人或者其他人以暴力、威胁、贿买等方法妨碍证人作证，或者在证人作证后以侮辱、诽谤、诬陷、恐吓、殴打等方式对证人打击报复的，人民法院应当根据情节，依照民事诉讼法第一百一十一条的规定，对行为人进行处罚。"我国《民事诉讼法》第一百一十一条规定："诉讼参与人或者其他人有下列行为之一的，人民法院可以根据情节轻重予以罚款、拘留；构成犯罪的，依法追究刑事责任：……（二）以暴力、威胁、贿买方法阻止证人作证或者指使、贿买、胁迫他人作伪证的……人民法院对有前款规定的行为之一的单位，可以对其主要负责人或者直接负责人予以罚款、拘留；构成犯罪的，依法追究刑事责任。"由此可见，当事人为了一己私利，收买证人的，根据情节的轻重，法院会予以罚款、拘留，情节严重的，需要承担刑事责任。

362. 法官接受对方当事人请客、送礼的，是否应当回避？

《最高人民法院关于适用〈中华人民共和国民事诉讼法〉的解释》第四十三条规定："审判人员有下列情形之一的，应当自行回避，当事人有权申请其回避：（一）是本案当事人或者当事人近亲属的；（二）本人或者其近亲属与本案有利害关系的；（三）担任过本案的证人、鉴定人、辩护人、诉讼代理人、翻译人员的；（四）是本案诉讼代理人近亲属的；（五）本人或者其近亲属持有本案非上市公司当事人的股份或者股权的；（六）与本案当事人或者诉讼代理人有其他利害关系，可能影响公正审理的。"第四十四条规定："审判人员有下列情形之一的，当事人有权申请其回避：（一）接受本案当事人及其受托人宴请，或者参加由其支付费用的活动的；（二）索取、接受本案当事人及其受托人财物或者其他利益的；（三）违反规定会见本案当事人、诉讼代理人的；（四）为本案当事人推荐、介绍诉讼代理人，或者为律师、其他人员介绍代理本案的；（五）向本案当事人及其受托人借用款物的；（六）有其他不正当行为，可能影响公正审理的。"我国《民事诉讼法》第四十四条也有类似规定。由此可见，法官接受当事人请客、送礼的，属于法律规定的可能影响公正审判的情形，另一方当事人有权以书面或者口头的形式申请该法官回避。

363. 在哪些情形下，可以申请先予执行？

我国《民事诉讼法》第一百零七条规定："人民法院裁定先予执行的，应当符合下列条件：（一）当事人之间权利义务关系明确，不先予执行将严重影响申请人的生活或者生产经营的；（二）被申请人有履行能力。人民法院可以责令申请人提供担保，申请人不提供担保的，驳回申请。申请人败诉的，应当赔偿被申请人因先予执行遭受的财产损失。"根据《最高人民法院关于适用〈中华人民共和国民事诉讼法〉的解释》第一百七十条的规定，《民事诉讼法》第一百零六条第三项规定的需要先予执行的情况紧急包括：（一）需要立即停止侵害、排除妨碍的；（二）需要立即制止某项行为的；（三）追索恢复生产、经营急需的保险理赔费的；（四）需要立即返还社会保险金、社会救助资金的；（五）不立即返还款项，将严重影响权利人生活和生产经营的。由此可见，符合上述法定条件的，当事人可以向法院申请先予执行。

364. 当事人向法院申请保全措施后，不起诉也不申请仲裁的，会出现什么结果？

我国《民事诉讼法》第一百零一条第一款规定："利害关系人因情况紧急，不立即申请保全将会使其合法权益受到难以弥补的损害的，可以在提起诉讼或者申请仲裁前向被保全财产所在地、被申请人住所地或者对案件有管辖权的人民法院申请采取保全措施。申请人应当提供担保，不提供担保的，裁定驳回申请。"第一百零一条第三款规定："申请人在人民法院采取保全措施后三十日内不依法提起诉讼或者申请仲裁的，人民法院应当解除保全。"由此可见，当事人向法院申请保全措施得到准许后，应当及时起诉或者申请仲裁，期限为法院采取保全措施后的三十日内，如果逾期当事人既不起诉也不申请仲裁的，法院会解除保全。

365. 不听法官劝阻，哄闹法庭的，会面临什么处罚？

我国《民事诉讼法》第一百一十条规定："诉讼参与人和其他人应当遵守法庭规则。人民法院对违反法庭规则的人，可以予以训诫，责令退出法庭或者予以罚款、拘留。人民法院对哄闹、冲击法庭，侮辱、诽谤、威胁、殴打审判人员，严重扰乱法庭秩序的人，依法追究刑事责任；情节较轻的，予以罚款、拘留。"由此可见，不听法官劝阻、哄闹法庭的，属于违反法庭规则的行为，根据情节的轻重，可能面临罚款、拘留的处罚或者需要承担刑事责任。

366. 在法院执行前，隐匿财产逃避执行的，会受到哪些处罚？

我国《民事诉讼法》第一百一十一条："诉讼参与人或者其他人有下列行为之一的，人民法院可以根据情节轻重予以罚款、拘留；构成犯罪的，依法追究刑事责任：（一）伪造、毁灭重要证据，妨碍人民法院审理案件的；（二）以暴力、威胁、贿买方法阻止证人作证或者指使、贿买、胁迫他人作伪证的；（三）隐藏、转移、变卖、毁损已被查封、扣押的财产，或者已被清点并责令其保管的财产，转移已被冻结的财产的；（四）对司法工作人员、诉讼参加人、证人、翻译人员、鉴定人、勘验人、协助执行的人，进行侮辱、诽谤、诬陷、殴打或者打击报复的；（五）以暴力、威胁或者其他方法阻碍司法工作人员执行职务的；（六）拒不履行人民法院已经发生法律效力的判决、裁定的。人民法院对有前款规定的行为之一的单位，可以对其主要负责人或者直接责任人员予以罚款、拘留；构成犯罪的，依法追究刑事责任。"由此可见，当事人在法院执行前，恶意隐匿财产、逃避执行的，根据其行为的情节，可能会被判处罚款、拘留，构成犯罪的，需要承担刑事责任。

367. 当事人在诉讼中死亡的，法院一般会如何处理？

当事人死亡后由其继承人继续参加诉讼的行为，叫作诉讼承担。《最高人民法院关于适用〈中华人民共和国民事诉讼法〉的解释》第五十五条规定："在诉讼中，一方当事人死亡，需要等待继承人表明是否参加诉讼的，裁定中止诉讼。人民法院应当及时通知继承人作为当事人承担诉讼，被继承人已经进行的诉讼行为对承担诉讼的继承人有效。"由此可见，当事人在诉讼中死亡，需要等待继承人表明是否愿意参加诉讼的，法院通常会裁定中止诉讼。经法院通知，继承人同意参加的，该当事人生前的诉讼行为对继承人仍然有效。

368. 合议庭评议案件时，会不会因为院长等领导在场，直接以领导的看法为最终意见？

我国《民事诉讼法》第四十二条规定："合议庭评议案件，实行少数服从多数的原则。评议应当制作笔录，由合议庭成员签名。评议中的不同意见，必须如实记入笔录。"由此可见，在合议庭评议案件时，会严格遵循少数服从多数的原则，不同意见会被严格记录在笔录中，不会因为领导在场而直接以领导的意见为准。

369. 法院在审判监督程序中，按照第一审程序审理的案件，当事人能否上诉？

通常来讲，我国实行两审终审制，即经两级法院的审理之后，案件即告终结，当事人不得上诉。但是，审判监督程序，即再审案件，其程序有所不同。我国《民事诉讼法》第二百零七条第一款规定："人民法院按照审判监督程序再审的案件，发生法律效力的判决、裁定是由第一审法院作出的，按照第一审程序审理，所作的判决、裁定，当事人可以上诉；发生法律效力的判决、裁定是由第二审法院作出的，按照第二审程序审理，所作的判决、裁定，是发生法律效力的判决、裁定；上级人民法院按照审判监督程序提审的，按照第二审程序审理,所作的判决、裁定是发生法律效力的判决、裁定。"由此可见,再审程序启动后,法院按照一审程序审理的案件,当事人对法院作出的判决、裁定可以上诉。

370. 检察院作出不予抗诉决定的,当事人能否再次向检察院提出申请?

人民检察院是法律监督机关,符合法定情形时,当事人可以向检察院申请检察建议或者抗诉。我国《民事诉讼法》第二百零九条规定:"有下列情形之一的,当事人可以向人民检察院申请检察建议或者抗诉:(一)人民法院驳回再审申请的;(二)人民法院逾期未对再审申请作出裁定的;(三)再审判决、裁定有明显错误的。人民检察院对当事人的申请应当在三个月内进行审查,作出提出或者不予提出检察建议或者抗诉的决定。当事人不得再次向人民检察院申请检察建议或者抗诉。"由此可见,检察院作出不予抗诉决定的,该决定具有"一决终局"的效果,当事人向检察院寻求救济的途径即结束,当事人不得再次向检察院申请抗诉。

371. 针对调解书,能否申请法院强制执行?

强制执行是指人民法院依照执行文书确定的内容,强制义务人履行相关义务的活动。我国《民事诉讼法》第二百三十六条规定:"发生法律效力的民事判决、裁定,当事人必须履行。一方拒绝履行的,对方当事人可以向人民法院申请执行,也可以由审判员移送执行员执行。调解书和其他应当由人民法院执行的法律文书,当事人必须履行。一方拒绝履行的，对方当事人可以向人民法院申请执行。"《民事诉讼法》第二百三十七条第一款规定："对依法设立的仲裁机构的裁决，一方当事人不履行的，对方当事人可以向有管辖权的人民法院申请执行。受申请的人民法院应当执行。"第二百三十八条规定："对公证机关依法赋予强制执行效力的债权文书，一方当事人不履行的，对方当事人可以向有管辖权的人民法院申请执行，受申请的人民法院应当执行。公证债权文书确有错误的，人民法院裁定不予执行，并将裁定书送达双方当事人和公证机关。"由此可见，当事人达成调解，在法院制作调解书后，对方当事人拒不履行调解书内容的，另一方当事人可以申请法院强制执行。

372. 申请执行的当事人是否需要垫付执行费用？

我国《民事诉讼法》第二百五十二条规定："对判决、裁定和其他法律文书指定的行为，被执行人未按执行通知履行的，人民法院可以强制执行或者委托有关单位或者其他人完成，费用由被执行人承担。"由此可见，执行费用是由被执行人承担的，申请人不需要预先垫付执行费用。

373. 强制执行后仍未偿还全部债务，之后当事人发现被执行人有其他财产的，能否再次申请执行？

我国《民事诉讼法》第二百五十四条规定："人民法院采取本法第二百四十二条、第二百四十三条、第二百四十四条规定的执行措施后，被执行人仍不能偿还债务的，应当继续履行义务。债权人发现被执行人有其他财产的，可以随时请求人民法院执行。"由此可见，法院依法强制执行后，当事人的债务仍未偿还，之后发现被执行人还有其他财产的，该当事人可以再次申请执行，直到债务人还清全部债务。

374. 拒不履行生效法律文书确定的义务的人，可否纳入失信名单？

征信是指由中立的第三方机构为个人或企业建立信用档案，依法采集、客观记录其信用信息，并依法对外提供信用信息服务的一种活动。我国《民事诉讼法》第二百五十五条规定："被执行人不履行法律文书确定的义务的，人民法院可以对其采取或者通知有关单位协助采取限制出境，在征信系统记录、通过媒体公布不履行义务信息以及法律规定的其他措施。"《最高人民法院关于适用〈中华人民共和国民事诉讼法〉的解释》第五百一十八条也规定："被执行人不履行法律文书确定的义务的，人民法院除对被执行人予以处罚外，还可以根据情节将其纳入失信被执行人名单，将被执行人不履行或者不完全履行义务的信息向其所在单位、征信机构以及其他相关机构通报。"由此可见，对拒不履行法律文书确定的义务的人，即现实中"老赖"，根据其情节轻重，可以纳入失信被执行人名单，并且向其单位、征信机构等通报。

375. 案外人向法院提起执行异议之诉的，时间上有无限制？

我国《最高人民法院关于适用〈中华人民共和国民事诉讼法〉的解释》第三百零五条规定："案外人提起执行异议之诉，除符合民事诉讼法第一百一十九条规定外,还应当具备下列条件:(一)案外人的执行异议申请已经被人民法院裁定驳回;(二)有明确的排除对执行标的执行的诉讼请求,且诉讼请求与原判决、裁定无关;(三)自执行异议裁定送达之日起十五日内提起。人民法院应当在收到起诉状之日起十五日内决定是否立案。"由此可见,案外人向法院提起执行异议之诉的,应当自执行异议裁定送达之日起十五日内提起。

376. 被执行人与他人串通,利用调解方式转移财产的,会面临什么处罚?

我国《民事诉讼法》第一百一十三条规定:"被执行人与他人恶意串通,通过诉讼、仲裁、调解等方式逃避履行法律文书确定的义务的,人民法院应当根据情节轻重予以罚款、拘留;构成犯罪的,依法追究刑事责任。"由此可见,被执行人与他人串通,利用调解转移自身财产的,法院会根据情节轻重,判处罚款或拘留,情节严重的,还会追究其刑事责任。

377. 妻子能否代收与丈夫有关的债务纠纷诉讼文书?

我国《民事诉讼法》第八十五条规定:"送达诉讼文书,应当直接送交受送达人。受送达人是公民的,本人不在交他的同住成年家属签收;受送达人是法人或者其他组织的,应当由法人的法定代表人、其他组织的主要负责人或者该法人、组织负责收件的人签收;受送达人有诉讼代理人的,可以送交其代理人签收;受送达人已向人民法院指定代收人的，送交代收人签收。受送达人的同住成年家属，法人或者其他组织的负责收件的人，诉讼代理人或者代收人在送达回证上签收的日期为送达日期。"由此可见，给公民送达诉讼文书时，如果本人不在，可以由和他同住的成年家属代为签收。妻子作为与受送达人共同居住的成年家属，可以代丈夫签收诉讼文书。但是，需要注意的是，离婚案件中，夫妻一方不能替另一方代收诉讼文书。

378. 当事人收到的电子邮件送达日期与法院发送日期不同的，以哪个为准？

《最高人民法院关于适用〈中华人民共和国民事诉讼法〉的解释》第一百三十五条规定："电子送达可以采用传真、电子邮件、移动通信等即时收悉的特定系统作为送达媒介。民事诉讼法第八十七条第二款规定的到达受送达人特定系统的日期，为人民法院对应系统显示发送成功的日期，但受送达人证明到达其特定系统的日期与人民法院对应系统显示发送成功的日期不一致的，以受送达人证明到达其特定系统的日期为准。"由此可见，当事人收到的电子邮件送达日期与法院发送日期不一致时，以当事人证明到达其特定系统的日期为准。

379. 原告拒绝补交诉讼费的，已经缴纳的部分，是否还会退还？

诉讼费主要是指当事人为向人民法院提起诉讼程序应当缴纳的费用，包括案件受理费和其他诉讼费用。我国《最高人民法院关于适用〈中华人民共和国民事诉讼法〉的解释》第一百九十九条第二款规定："原告无正当理由未按期足额补交的，按撤诉处理，已经收取的诉讼费用退还一半。"由此可见，原告拒绝补足诉讼费用的，法院会按照原告撤诉处理。同时，对于已经缴纳的诉讼费用，法院会减半退还。

380. 原告胜诉后，能否主张先前预交的诉讼费，直接由败诉方向自己支付？

我国《最高人民法院关于适用〈中华人民共和国民事诉讼法〉的解释》第二百零七条规定："判决生效后，胜诉方预交但不应负担的诉讼费用，人民法院应当退还，由败诉方向人民法院交纳，但胜诉方自愿承担或者同意败诉方直接向其支付的除外。当事人拒不交纳诉讼费用的，人民法院可以强制执行。"由此可见，诉讼费原则上由败诉方承担。若原告胜诉，由法院退还原告预交的费用，再由被告向法院交纳诉讼费用，但是，胜诉方也可以主张直接由败诉方向自己支付。

二、行政诉讼

381. 想要成功提起行政诉讼，必须满足哪些条件？

根据我国《行政诉讼法》第二十五条、第四十九条的规定，提起诉讼应当符合下列条件：（一）是行政行为的相对人以及与行政行为有利害关系的公民、法人或者其他组织；（二）有明确的被告；（三）有具体的诉讼请求和事实根据；（四）属于人民法院受案范围和受诉人民法院管辖。由此可见，行政相对人若想成功提起行政诉讼，必须同时满足以上四个条件才可以。

382. 提起行政诉讼前，必须先经过行政复议吗？

我国《行政诉讼法》第四十四条规定："对属于人民法院受案范围的行政案件，公民、法人或者其他组织可以先向行政机关申请复议，对复议决定不服的，再向人民法院提起诉讼；也可以直接向人民法院提起诉讼。法律、法规规定应当先向行政机关申请复议，对复议决定不服再向人民法院提起诉讼的，依照法律、法规的规定。"由此可知，除法律、法规明确规定行政复议前置的案件外，其他案件可以根据行政相对人自己的意愿选择是否先进行行政复议，当事人也可以直接向法院提起行政诉讼。也就是说，提起行政诉讼前，不是必须先经过行政复议。

383. 不服行政复议结果而提起行政诉讼，该告谁？

我国《行政诉讼法》第二十六条第二款规定："经复议的案件，复议机关决定维持原行政行为的，作出原行政行为的行政机关和复议机关是共同被告；复议机关改变原行政行为的，复议机关是被告。"该条第三款规定："复议机关在法定期限内未作出复议决定，公民、法人或者其他组织起诉原行政行为的，作出原行政行为的行政机关是被告;起诉复议机关不作为的,复议机关是被告。"由此可知,不服行政复议结果而提起行政诉讼的,若复议机关改变原行政行为,该告复议机关;若复议机关维持原行政行为,该把复议机关和作出原行政行为的行政机关一起告。

384. 对几个行政机关共同作出的行政行为不服,应该以谁为被告?

我国《行政诉讼法》第二十六条第四款规定:"两个以上行政机关作出同一行政行为的,共同作出行政行为的行政机关是共同被告。"由此可知,不服几个行政机关共同作出的行政行为的,应该以这几个行政机关为共同被告。

385. 要提起行政诉讼,但起诉状写得不专业,担心法院不接收该怎么办?

我国《行政诉讼法》第五十一条第三款规定:"起诉状内容欠缺或者有其他错误的,应当给予指导和释明,并一次性告知当事人需要补正的内容。不得未经指导和释明即以起诉不符合条件为由不接收起诉状。"该条第四款规定:"对于不接收起诉状、接收起诉状后不出具书面凭证,以及不一次性告知当事人需要补正的起诉状内容的,当事人可以向上级人民法院投诉,上级人民法院应当责令改正,并对直接负责的主管人员和其他直接责任人员依法给予处分。"由此可知,起诉时,如果起诉状哪里不合适,工作人员会给予指导和说明的,只需要按照要求补充或修改即可,无须担心起诉状写得不专业法院不接收。

386. 在诉讼过程中，行政机关还能收集证据证明自己作出的行政行为合法吗？

我国《行政诉讼法》第三十四条规定："被告对作出的行政行为负有举证责任，应当提供作出该行政行为的证据和所依据的规范性文件。被告不提供或者无正当理由逾期提供证据，视为没有相应证据。但是，被诉行政行为涉及第三人合法权益，第三人提供证据的除外。"同时，该法第三十五条规定："在诉讼过程中，被告及其诉讼代理人不得自行向原告、第三人和证人收集证据。"由此可知，在行政诉讼中，行政机关应提供证据证明自己实施的行政行为合法。且在诉讼过程中，行政机关不得向原告、第三人和证人收集证据，这表明行政机关提供的证据只能是其在作出行政行为时就已经存在的证据。

387. 行政机关不作为，原告起诉时还需要提交证据材料吗？

《最高人民法院关于行政诉讼证据若干问题的规定》第四条第二款规定："在起诉被告不作为的案件中，原告应当提供其在行政程序中曾经提出申请的证据材料。但有下列情形的除外：（一）被告应当依职权主动履行法定职责的；（二）原告因被告受理申请的登记制度不完备等正当事由不能提供相关证据材料并能作出合理说明的。"由此可知，在不作为的行政案件中，原告原则上应提供其在行政程序中曾提出申请的证据材料，但符合上述条文规定的这两种情形之一时，原告可以不提交。

388. 在认定具体行政行为的合法性时，哪些证据不能用？

《最高人民法院关于行政诉讼证据若干问题的规定》第六十条规定："下列证据不能作为认定被诉具体行政行为合法的依据：（一）被告及其诉讼代理人在作出具体行政行为后或者在诉讼程序中自行收集的证据；（二）被告在行政程序中非法剥夺公民、法人或者其他组织依法享有的陈述、申辩或者听证权利所采用的证据；（三）原告或者第三人在诉讼程序中提供的、被告在行政程序中未作为具体行政行为依据的证据。"由此可知，在行政诉讼中，并不是所有的证据都能作为认定被诉行政行为合法的依据，上述三类证据，法律明确规定不能作为认定被诉行政行为合法的依据。

389. 在行政诉讼期间，行政行为停止执行吗？

我国《行政诉讼法》第五十六条规定："诉讼期间，不停止行政行为的执行。但有下列情形之一的，裁定停止执行：（一）被告认为需要停止执行的；（二）原告或者利害关系人申请停止执行，人民法院认为该行政行为的执行会造成难以弥补的损失，并且停止执行不损害国家利益、社会公共利益的；（三）人民法院认为该行政行为的执行会给国家利益、社会公共利益造成重大损害的；（四）法律、法规规定停止执行的。当事人对停止执行或者不停止执行的裁定不服的，可以申请复议一次。"由此可知，在行政诉讼期间，行政行为原则上是不停止执行的。但如果出现上面几种情形，是可以停止执行的。

390. 审判人员与本案有利害关系，原告有权申请其回避吗？

我国《行政诉讼法》第五十五条第一款规定："当事人认为审判人员与本案有利害关系或者有其他关系可能影响公正审判，有权申请审判人员回避。"第二款规定："审判人员认为自己与本案有利害关系或者有其他关系，应当申请回避。"第三款规定："前两款规定，适用于书记员、翻译人员、鉴定人、勘验人。"由此可见，为保障庭审的公正性，避免裁判结果受各种物质或情感因素的影响，法律规定当事人有权申请审判人员回避。

391. 对行政机关作出的行政行为不服，可以置之不理吗？

我国《行政诉讼法》第九十七条规定："公民、法人或者其他组织对行政行为在法定期限内不提起诉讼又不履行的，行政机关可以申请人民法院强制执行，或者依法强制执行。"由此可见，对行政行为不服，相对人不能置之不理，如果既不起诉也不履行，将面临被强制执行的法律后果。

三、刑事诉讼

392. 在刑事诉讼中，哪些案件属于自诉案件？

我国《刑事诉讼法》第二百一十条规定："自诉案件包括下列

案件：（一）告诉才处理的案件；（二）被害人有证据证明的轻微刑事案件；（三）被害人有证据证明对被告人侵犯自己人身、财产权利的行为应当依法追究刑事责任，而公安机关或者人民检察院不予追究被告人刑事责任的案件。"据此可知，在刑事诉讼中，以上三种案件属于自诉案件。

393. 在刑事附带民事诉讼中，被害人可以同时主张物质损害和精神损害赔偿吗？

我国《刑事诉讼法》第一百零一条规定："被害人由于被告人的犯罪行为而遭受物质损失的，在刑事诉讼过程中，有权提起附带民事诉讼。被害人死亡或者丧失行为能力的，被害人的法定代理人、近亲属有权提起附带民事诉讼。如果是国家财产、集体财产遭受损失的，人民检察院在提起公诉的时候，可以提起附带民事诉讼。"由条文规定可知，在刑事附带民事诉讼中，被害人或者其法定代理人、近亲属可以就所遭受的物质损害请求赔偿，对精神损害赔偿，法院则不会支持。

394. 刑事速裁程序在什么情况下可以适用？

刑事速裁程序被称为刑事诉讼的"快车道"，是指对事实清楚、被告人认罪认罚、依法可能判处三年以下有期徒刑的案件，由法官独任审判的程序。相对于普通程序，速裁程序更加具有效率，节省司法资源。对此，我国《刑事诉讼法》第二百二十二条规定："基层人民法院管辖的可能判处三年有期徒刑以下刑罚的案件，案件事实清楚,证据确实、充分,被告人认罪认罚并同意适用速裁程序的,可以适用速裁程序,由审判员一人独任审判。人民检察院在提起公诉的时候,可以建议人民法院适用速裁程序。"由此可知,满足上述条件,可以适用速裁程序。

395. 不是律师,能担任刑事案件的辩护人吗?

我国《刑事诉讼法》第三十三条规定:"犯罪嫌疑人、被告人除自己行使辩护权以外,还可以委托一至二人作为辩护人。下列的人可以被委托为辩护人:(一)律师;(二)人民团体或者犯罪嫌疑人、被告人所在单位推荐的人;(三)犯罪嫌疑人、被告人的监护人、亲友。正在被执行刑罚或者依法被剥夺、限制人身自由的人,不得担任辩护人。被开除公职和被吊销律师、公证员执业证书的人,不得担任辩护人,但系犯罪嫌疑人、被告人的监护人、近亲属的除外。"由此可见,只要不存在禁止担任辩护人的情形,即使不是律师,也可以担任刑事案件的辩护人。

396. 刑事被告人觉得辩护人辩护得不好,可以拒绝辩护人辩护而自己进行辩护吗?

我国《刑事诉讼法》第四十五条规定:"在审判过程中,被告人可以拒绝辩护人继续为他辩护,也可以另行委托辩护人辩护。"同时,《最高人民法院关于适用〈中华人民共和国刑事诉讼法〉的解释》第四十五条规定:"被告人拒绝法律援助机构指派的律师为其辩护,坚持自己行使辩护权的,人民法院应当准许。属于应当提供法律援助的情形,被告人拒绝指派的律师为其辩护的,人民法院应当查明原因。理由正当的,应当准许,但被告人须另行委托辩护人;被告人未另行委托辩护人的,人民法院应当在三日内书面通知法律援助机构另行指派律师为其提供辩护。"由此可见,刑事被告人可以拒绝辩护人为其辩护。但若属于应当提供法律援助或应当指定辩护人的情形,被告人不能自行辩护,须另行委托辩护人或法院另行指定辩护人。

397. 证据确凿但犯罪嫌疑人就是拒不认罪,这种情况下能定罪吗?

我国《刑事诉讼法》第五十五条规定:"对一切案件的判处都要重证据,重调查研究,不轻信口供。只有被告人供述,没有其他证据的,不能认定被告人有罪和处以刑罚;没有被告人供述,证据确实、充分的,可以认定被告人有罪和处以刑罚。证据确实、充分,应当符合以下条件:(一)定罪量刑的事实都有证据证明;(二)据以定案的证据均经法定程序查证属实;(三)综合全案证据,对所认定事实已排除合理怀疑。"由此可知,虽然根据犯罪嫌疑人和被告人的供述,可以直接认定案件事实,但只有口供而没有其他证据,是不能定罪处罚的。然而即使没有口供,但其他证据已经形成证据链的,同样可以认定案件事实,判处犯罪嫌疑人罪名成立。

398. 犯罪嫌疑人认罪认罚的,都必须签署认罪认罚具结书吗?

我国《刑事诉讼法》第一百七十四条规定:"犯罪嫌疑人自愿

认罪，同意量刑建议和程序适用的，应当在辩护人或者值班律师在场的情况下签署认罪认罚具结书。犯罪嫌疑人认罪认罚，有下列情形之一的，不需要签署认罪认罚具结书：（一）犯罪嫌疑人是盲、聋、哑人，或者是尚未完全丧失辨认或者控制自己行为能力的精神病人的；（二）未成年犯罪嫌疑人的法定代理人、辩护人对未成年人认罪认罚有异议的；（三）其他不需要签署认罪认罚具结书的情形。"由此可知，犯罪嫌疑人认罪认罚，有上述情形之一的，不需要签署认罪认罚具结书。

399. 以刑讯逼供的方式收集的证据，可以使用吗？

《刑事诉讼法》第五十二条规定："审判人员、检察人员、侦查人员必须依照法定程序，收集能够证实犯罪嫌疑人、被告人有罪或者无罪、犯罪情节轻重的各种证据。严禁刑讯逼供和以威胁、引诱、欺骗以及其他非法方法收集证据，不得强迫任何人证实自己有罪。必须保证一切与案件有关或者了解案情的公民，有客观地充分地提供证据的条件，除特殊情况外，可以吸收他们协助调查。"由此可知，证据必须在内容上、形式上、收集和认定的人员与程序上均符合法律规定，才能保证证据的合法性。因此，当事人和司法人员必须要依照法定程序收集和提供证据，否则该证据不能作为认定案件事实的依据。以刑讯逼供的方式收集证据是法律所禁止的，该证据不能作为合法证据使用。

400. "坦白从宽"有没有法律依据?

很多犯罪嫌疑人被警方抓获后,存有侥幸心理,与警方周旋,不愿意讲实话,甚至还有些人认为警方所讲的"坦白从宽"的政策是子虚乌有。这是极其错误的想法。我国《刑事诉讼法》第十五条规定:"犯罪嫌疑人、被告人自愿如实供述自己的罪行,承认指控的犯罪事实,愿意接受处罚的,可以依法从宽处理。"由此可见,"坦白从宽"是有法律依据的,犯罪后,认罪伏法是唯一的道路。

401. 个人有义务提供证明犯罪嫌疑人有罪的证据吗?

我国《刑事诉讼法》第一百三十七条规定:"任何单位和个人,有义务按照人民检察院和公安机关的要求,交出可以证明犯罪嫌疑人有罪或者无罪的物证、书证、视听资料等证据。"由此可知,按照公安、司法机关的要求,提供证明犯罪嫌疑人有罪或无罪的物证、书证等证据,是我们每一个公民应尽的义务。

402. 证人因作证而面临危险,公安、司法机关要如何进行保护?

《刑事诉讼法》第六十四条第一款规定:"对于危害国家安全犯罪、恐怖活动犯罪、黑社会性质的组织犯罪、毒品犯罪等案件,证人、鉴定人、被害人因在诉讼中作证,本人或者其近亲属的人身安全面临危险的,人民法院、人民检察院和公安机关应当采取以下一项或者多项保护措施:(一)不公开真实姓名、住址和工作单位等个人信息;(二)采取不暴露外貌、真实声音等出庭作证措施;

（三）禁止特定的人员接触证人、鉴定人、被害人及其近亲属；（四）对人身和住宅采取专门性保护措施；（五）其他必要的保护措施。"由此可知，对于毒品犯罪等特定刑事案件，证人愿意出庭作证帮助公安、司法机关查明案件真相，但由此可能导致自身或其近亲属的人身安全受到威胁的，公安、司法机关应对其及其近亲属予以上述五种必要的司法保护。

403. 被告人不服一审判决想上诉，但又担心二审判决对自己更不利，该怎么办？

我国《刑事诉讼法》第二百三十七条规定："第二审人民法院审理被告人或者他的法定代理人、辩护人、近亲属上诉的案件，不得加重被告人的刑罚。第二审人民法院发回原审人民法院重新审判的案件，除有新的犯罪事实，人民检察院补充起诉的以外，原审人民法院也不得加重被告人的刑罚。人民检察院提出抗诉或者自诉人提出上诉的，不受前款规定的限制。"由此可见，在刑事诉讼中，被告人不服一审判决可以放心提出上诉，二审判决不得加重被告人的刑罚，这就是"上诉不加刑"原则的具体体现。